Sport-Sekundarstufe II

Schülerbücher für den nach Sportarten differenzierten Unterricht in der Sekundarstufe II

Herausgegeben von Rolf Geßmann und Helmut Zimmermann
unter Mitwirkung von Helmut Weiß

Martin Sklorz
Tischtennis

Bagel

Zeichnungen von Karlheinz Grindler

Zeichenerklärung

RH = Rückhand
VH = Vorhand
= geschlossenes Schlägerblatt
= geöffnetes Schlägerblatt
= Laufweg/Bewegung des Spielers
= Weg des geschlagenen Balls
= Weg des geworfenen Balls
A = Aufschläger
R = Rückschläger

© 1983 Pädagogischer Verlag Schwann-Bagel GmbH, Düsseldorf
Alle Rechte vorbehalten
Gesamtherstellung A. Bagel, Düsseldorf
Gesetzt aus der Times, System Digiset
Typographie und Einbandgestaltung Peter Krolow, Düsseldorf
Fotos: S. 8, Damm/laenderpress, Düsseldorf; S. 60, Foto dpa, Düsseldorf; alle übrigen: Martin Sklorz
Printed in Germany

5 4 3 2 1 / 87 86 85 84 83

Vertrieb in der Freien und Hansestadt Hamburg durch
Verlag Erziehung und Wissenschaft, Hamburg

Alleinige Auslieferung für das Land Bayern durch C. C. Buchners Verlag, Bamberg
Best.-Nr. 8706 6

ISBN 3-590-54626-3

Inhaltsverzeichnis

Geräte- und Regelkunde

Worin besteht die Spielidee des Tischtennisspiels, und welche wichtigen Spielregeln gibt es in diesem Zusammenhang? 8

Wann ist ein Spiel gewonnen, und wie lauten die Bestimmungen der Zeitregel (Wechselmethode)? 9

Welche besonderen Bestimmungen gelten für das Doppelspiel, und welche wichtigen Regelauslegungen müssen unbedingt bekannt sein? 9

Auf welche allgemeinen Rahmenbedingungen ist zu achten, wenn man das Tischtennisspiel wettkampfmäßig betreiben will? 10

Worauf ist bei der Auswahl von Bällen zu achten, und wie kann man sich von der einwandfreien Beschaffenheit selbst überzeugen? 11

Wie ist ein Tischtennisschläger aufgebaut, und welche Bedeutung hat vor allem der Belag für die Auswahl des Schlägers? .. 11

Welche allgemeine taktische Bedeutung hat der Aufschlag, und welche Regeln sind dabei zu beachten? 12

Welche Aufgaben haben der Schiedsrichter und seine Helfer? .. 13

Welche Möglichkeiten einer veränderten Regelauslegung gibt es bei Spielen im Freizeit- und Schulbereich? 13

Allgemeine Merkmale der Technik

Warum soll der Spieler seine Aktionen aus einer Bereitschaftsstellung beginnen, und wie sieht diese aus? 14

Wie gelangt der Spieler aus der Bereitschaftsstellung in die Grundstellung für Vorhand- oder Rückhandschläge? 14

Welche beiden Formen der Schlägerhaltung kann man unterscheiden, und wie sieht die korrekte Shakehand-Haltung aus? .. 15

Welche Stellungen des Schlägers unterscheidet man, und in welche Phasen kann man die Schlagbewegung unterteilen? 15

Wie wirken sich Schlägerstellung und Schlagbewegung auf das Flugverhalten des Balles aus? 16

Wie ist das Sprungverhalten des Balles bei verschiedenen Formen des Dralls, und welche Schlägerstellung ist für die Ballannahme richtig? 17

Welche Faktoren bewirken eine Veränderung in der Ausführung ein und derselben Schlagtechnik? 17

Schlagtechniken für das Spiel

Unter welchen Aspekten kann eine systematische Einteilung der verschiedenen Schlagtechniken vorgenommen werden? 18

Warum ist eine eindeutige Einteilung der verschiedenen Schlagtechniken so schwierig? 19

Was ist beim Erlernen und Üben der verschiedenen Schlagtechniken zu beachten, und wie sieht allgemein ein methodischer Aufbau beim Erlernen aus? 20

Wie kann man auf einen Ball, der aus kurzer Entfernung mit maximal 170 km/h angeflogen kommt, schnell und genau reagieren? 21

1. Schlagtechniken zur Eröffnung eines Ballwechsels

Welche Formen von Aufschlägen gibt es im Tischtennisspiel, und wie kann man sie variationsreich spielen? 22

Welchen Spielraum für eine individuelle Ausführung des Aufschlags lassen die Regeln, und vor welche Schwierigkeiten stellen sie den Schiedsrichter? 22

Wann werden die verschiedenen Aufschlagformen gespielt, und welche Möglichkeiten gibt es für den Rückschläger? 23

Welche Merkmale weist die Technik der verschiedenen Aufschlagformen auf? 24

Was ist beim Üben der verschiedenen Aufschlagformen zu beachten, und welche Übungsformen haben sich bewährt? 26

Welche Fehler können bei den verschiedenen Aufschlägen gemacht werden, und welche Korrekturhinweise kann man geben? . 27

2. Schlagtechniken für den Ballwechsel

Womit läßt sich eine Einteilung in Angriffs- und Abwehrschlagarten begründen, und welche Ausnahmen sind zu beachten? .. 28

2.1 Schmetterschlag und Konterschlag

Welche technischen Merkmale weisen der Schmetterschlag und der Konterschlag auf? 30

Worin unterscheiden sich Schmetterschlag und Konterschlag, und warum stellen beide Schlagtechniken den Spieler vor hohe Anforderungen? 31

Wie kann man den Schmetterschlag und den Konterschlag lernen und üben? 31

Welche Fehler kann man beim Schmetterschlag und beim Konterschlag beobachten, und welche Korrekturhinweise kann man geben? 32

2.2 Treibschlag und Topspinschlag
Welche technischen Merkmale weisen der Treibschlag und der späte Topspinschlag auf? 33
Wie können der Treibschlag und der Topspinschlag am schnellsten und sichersten erlernt werden? 34
Was haben Treibschlag und Topspinschlag gemeinsam, und worin bestehen die Unterschiede? 35
Welche beiden Formen des Topspinschlages kann man unterscheiden? 35
Welche Fehler kann man beim Treibschlag und Topspinschlag häufig beobachten, und welche Korrekturhinweise kann man geben? 36

2.3 Sidespinschlag und Ballonschlag
Welche technischen Merkmale weisen der Sidespinschlag und der Ballonschlag auf? 37
Mit welchen speziellen Übungsformen kann man den Sidespinschlag und den Ballonschlag erlernen? 38
Welche Fehler können beim Sidespinschlag und beim Ballonschlag verhältnismäßig häufig beobachtet werden, und wie kann man sie korrigieren? 39
Was macht das Spielen des Sidespinschlages technisch so schwierig, und worin liegt seine besondere Wirkung? 40
Wann wird der Ballonschlag taktisch richtig gespielt, und worauf ist dabei besonders zu achten? 40

2.4 Flip und Block
Welche technischen Merkmale weisen die beiden Schlagformen Flip und Block auf? 41
Wann werden Flip und Block gespielt? 42
Mit welchen Übungsformen können Flip und Block geschult werden? 42
Welche Fehler können beim Flip und beim Block beobachtet werden, und wie kann man sie korrigieren? 43

2.5 Schupfschlag und Unterschnittschlag
Welche technischen Merkmale weisen der Schupfschlag und der Unterschnittschlag auf? 44
Mit welchen Übungsformen kann man sowohl den Schupfschlag als auch den Unterschnittschlag erlernen und verbessern? 45
Warum ist der Schupfschlag die geeignete Schlagtechnik für den Anfänger, und worin bestehen Unterschiede zum späten und frühen Unterschnittschlag? 45
Welche Fehler treten beim Schupfschlag und beim Unterschnittschlag häufig auf, und wie kann man sie korrigieren? . . . 46

2.6 Stoppschlag
Welche technischen Merkmale weist der Stoppschlag auf? 47
Was will man durch das Spielen eines Stoppschlages erreichen, und woran erkennt man, ob er erfolgversprechend ausgeführt wird? 47

Taktisches Verhalten
Welche Formen der Spielgestaltung kann man beim Tischtennisspiel unterscheiden, und woran sind verschiedene Spielsysteme zu erkennen? 48
Woran ist die Spielweise des Angriffsspielers zu erkennen, und wie gestaltet er sein Spiel gegen verschiedene Spielsysteme? . . . 49
Wodurch ist die Spielweise des Abwehrspielers gekennzeichnet, und wie gestaltet er sein Spiel gegen verschiedene Spielsysteme? 50
Über welche Voraussetzungen muß ein Halbdistanzspieler verfügen, und wie verhält er sich beim Spiel gegen verschiedene Spielsysteme? 51
Wie sollte ein Doppel zusammengesetzt sein, und welche Grundsätze sind für das Zusammenspiel zu beachten? 51
Wie sieht die Grundstellung von Aufschläger und Rückschläger in den verschiedenen Spielsystemen und beim Doppel aus? . . . 52
Was versteht man unter taktischem Verhalten, und welche Basistips kann man für verschiedene Spielsituationen geben? 53
Wie sind die äußeren Spielbedingungen taktisch einzuordnen? 53

Physische und psychische Leistungskomponenten

Welche Komponenten bestimmen die Leistungsfähigkeit des Tischtennisspielers? ... 54
Wann und wie sollten die Teilkomponenten im physischen Bereich entwickelt werden? ... 54
Welche Übungen dienen der Verbesserung der Beinarbeit? ... 55
Welche Bedeutung haben die psychischen Komponenten für die Leistungsfähigkeit? ... 56
Welche Wettspielformen eignen sich als spezielle Trainingsmaßnahmen? ... 56
Warum sollten Wettspiele auch während der Trainingszeit stattfinden? ... 57
Welche Übungsformen dienen dazu, die individuellen taktischen Fähigkeiten zu verbessern? ... 57
Welche Spiele können als Ausgleich, Ergänzung und zur Verbesserung der Kondition empfohlen werden? ... 57

Tischtennisspielen organisieren

Wovon hängt die Wahl einer geeigneten Turnierform ab, und welche Formen bieten sich im Bereich der Schule für Einzel und Doppel an? ... 58
Welche Turnierformen sind für einen Leistungsvergleich von Mannschaften geeignet? ... 59
Warum ist Tischtennis gerade für viele behinderte Menschen eine geeignete Sportart, und welche speziellen Hilfen kann man hier geben? ... 60
Wie kann man Tischtennistische auch so aufbauen, daß neue Erlebnisse und Erfahrungen möglich werden? ... 61
Welche Anordnung der Tischtennistische hat sich für den Übungsbetrieb bei unterschiedlichen Raumgrößen bewährt? ... 62
Wie können Tischtennistische sachgerecht gelagert, transportiert und aufgebaut werden? ... 62
Welche Schwierigkeiten ergeben sich beim Tischtennisspiel im Freien, und wie kann man diese verringern? ... 63
Welche Aufgaben können Trainer oder Berater für den einzelnen Spieler übernehmen? ... 63

Register ... 64

Literatur ... 64

Geräte- und Regelkunde

Worin besteht die Spielidee des Tischtennisspiels, und welche wichtigen Spielregeln gibt es in diesem Zusammenhang?

Unter einer *Spielidee* versteht man den Grundgedanken, der einem Sportspiel wie dem Tischtennisspiel zugrunde liegt. Unabhängig von eher nebensächlichen Kennzeichen kann man mit Hilfe der Spielidee verschiedene Sportspiele voneinander unterscheiden, Spiele mit gemeinsamer Spielidee zusammenfassen oder neue Spiele entwerfen.

Nach der Spielidee des Tischtennisspiels kommt es darauf an, einen Ball über ein Hindernis (Netz) so auf die gegnerische Tischhälfte zu spielen, daß der Gegner den Ball nicht regelrecht zurückspielen kann. Diese Spielidee zeigt sich sowohl in der Spielsituation „Aufschlag" als auch in der Spielsituation „Ballwechsel" bzw. „Retournieren" (Rückschlag).

Tischtennis gehört wie Tennis, Badminton, Squash, Indiaca und ähnliches zu den sogenannten *Rückschlagspielen.* Die Spielidee des wettkampfmäßig betriebenen Tischtennisspiels kann für den Freizeitbereich oder auch für Übungszwecke so abgeändert werden, daß die Partner versuchen, den Ball möglichst lange im Spiel zu halten, d. h. den Ball jeweils so über das Netz zu spielen, daß der andere ihn leicht zurückspielen kann und der Ballwechsel so andauert.

Wichtige Spielregeln: Im folgenden sind kurz die wichtigsten Spielregeln aufgeführt:

Ein Punkt wird erzielt, wenn der Partner:
– den Ball nicht mehr zurückspielen kann
– den Ball nicht mehr auf die gegnerische Tischhälfte plaziert
– den Ball in seiner Hälfte mehr als einmal aufspringen läßt, bevor er ihn zurückspielt
– den Ball mehrmals hintereinander spielt
– den Ball mit dem Schläger annimmt, obwohl er seine Tischhälfte nicht berührt hat (dabei ist es unerheblich, ob der Ball über, seitlich oder hinter der Tischhälfte berührt wird!)
– den Ball so spielt, daß er im Flug einen Gegenstand berührt (Decke des Raumes, Tiefstrahler o. a.)
– beim Spielen den Tisch verrückt, das Netz oder den Netzpfosten berührt
– mit der freien Hand die Spielfläche berührt
– einen falschen Aufschlag macht (siehe Aufschlagregeln).

Ein Ballwechsel wird wiederholt, wenn:
– ein Spieler durch ein nicht von ihm verschuldetes Ereignis beim Spielen behindert oder gestört wird
– der Schiedsrichter den Ballwechsel unterbricht (z. B. aus folgenden Gründen: zerbrochener Ball, vergessener Seitenwechsel, falsche Reihenfolge beim Aufschlag)
– während des Ballwechsels die fünfzehnminütige Spielzeit abläuft (siehe Zeitregel).

Tischtennis im Freizeitbereich

Geräte- und Regelkunde

Wann ist ein Spiel gewonnen, und wie lauten die Bestimmungen der Zeitregel (Wechselmethode)?

Zählweise:

1. Ein Spiel gewinnt derjenige, der zuerst zwei oder drei Sätze (je nach Vereinbarung) für sich entschieden hat.
2. Einen Satz hat gewonnen, wer zuerst 21 Punkte erzielt hat, vorausgesetzt, es liegt mindestens eine Differenz von zwei Punkten zum Partner vor. Bei einem Spielstand von 20:20 kommt es daher zu einer „Verlängerung". Sieger des Satzes ist der Spieler, der zuerst zwei Punkte mehr als sein Partner hat, also frühestens beim Spielstand von 22:20.
3. Einen Punkt gewinnt, wer einen Ballwechsel erfolgreich abschließt.
4. Die Punkte des Aufschlägers werden beim Bekanntgeben des Spielstandes stets zuerst genannt.

Zeitregel (Wechselmethode):

Ist nach 15 Minuten Spieldauer ein Satz noch nicht entschieden, tritt die Wechselmethode in Kraft. Für die Wechselmethode gelten folgende Regeln:

– Der Aufschlag wechselt nach jedem Punkt.
– Der Aufschläger verliert den Punkt, wenn der Rückschläger den Aufschlag und die folgenden 12 Schläge richtig zurückbringt.
– Tritt die Wechselmethode während eines Ballwechsels in Kraft, wird das Spiel unterbrochen; bei Wiederbeginn schlägt derselbe Spieler auf; wird zwischen zwei Ballwechseln unterbrochen, schlägt der Rückschläger des vorausgegangenen Ballwechsels zuerst auf.
– Kommt die Wechselmethode einmal zur Anwendung, muß nicht nur der betreffende Satz, sondern das gesamte Spiel nach dieser Methode ausgeführt werden.
– Auf Verlangen beider Spieler kann die Wechselmethode jederzeit vor Ablauf von 15 Minuten eingeführt werden.
– Im Wettkampf wird der Schiedsrichter mit Beginn der Wechselmethode von einem „Schlagzähler" unterstützt.

Welche besonderen Bestimmungen gelten für das Doppelspiel, und welche wichtigen Regelauslegungen müssen unbedingt bekannt sein?

Aufschlag: Die Mittellinie teilt die Spielfläche beider Partner in zwei Hälften. Der Aufschlag muß aus der rechten Seite der eigenen Hälfte diagonal in die rechte Seite des Rückschlägers ausgeführt werden. Der Ball darf dabei die Mittellinie berühren.

Reihenfolge: Zu Beginn eines jeden Satzes bestimmt das Paar, das die ersten fünf Aufschläge macht, welcher der beiden Spieler zuerst aufschlägt. Im ersten Satz bestimmt daraufhin das gegnerische Paar, wer von beiden erster Rückschläger ist. In den folgenden Sätzen ist die Reihenfolge des Rückschlägers jeweils umgekehrt wie im vorhergehenden Satz. Im Entscheidungssatz eines Spiels muß das rückschlagende Paar beim Seitenwechsel seine Rückschlagreihenfolge ändern. Die Seiten werden nach dem 10. Punkt nochmals gewechselt.

Schlagfolge: Die beiden Doppelpartner müssen sich in der Schlagfolge abwechseln.

Wichtige Regelauslegungen: Folgende Hinweise müssen beachtet werden, damit es zu keinen Differenzen beim Wettspiel kommt:

Kantenball: Nur „echte" Kantenbälle dürfen gewertet werden, d. h. nur die obere Tischkante gehört zur Spielfläche. Berührt der Ball die Außenseite der Tischplatte, ist auf „Fehler" zu entscheiden. (1)

Netz: Es bedeutet keinen Fehler, wenn ein Ball in die gegnerische Tischhälfte gespielt wird und dabei nicht das Netz überquert, sondern seitlich neben dem Netz oder gar unter dem Netzpfosten hindurch plaziert wird. (2)

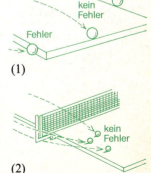

Geräte- und Regelkunde

Auf welche allgemeinen Rahmenbedingungen ist zu achten, wenn man das Tischtennisspiel wettkampfmäßig betreiben will?

Um im Wettkampfsport vergleichbare Bedingungen zu sichern und für gute Leistungen optimale Voraussetzungen zu schaffen, werden an Rahmenbedingungen bestimmte Anforderungen gestellt. Im Freizeitbereich kann man auch dann mit sehr viel Spaß Tischtennis spielen, wenn die Rahmenbedingungen dort diesen Anforderungen nicht voll entsprechen. Jedoch ist auch hier ein zufriedenstellendes Spielen davon abhängig, daß ein Mindestmaß von sachgerechten Bedingungen erfüllt ist.

Der Raum muß zunächst einmal eine Grundfläche haben, die den Platzansprüchen in den einzelnen Spielsystemen gerecht wird. Angriffs-, Halbdistanz- und Abwehrspieler stehen unterschiedlich weit vom Tisch entfernt und benötigen für ihre Spielgestaltung unterschiedlich viel Platz.
Für die Ausübung des Tischtennisspiels im *Leistungssport* wird in den Regeln ein Mindestmaß für den Spielraum von 12 m Länge und 6 m Breite vorgeschrieben (internationale Wettkämpfe: 7 m × 14 m).
Die Minimalfläche für die Durchführung des Tischtennisspiels im *Freizeitbereich* kann mit 5 m Länge und 3 m Breite angegeben werden.

Die Bodenverhältnisse sind ebenfalls für die Qualität der Spielbedingungen von Bedeutung. Der Boden muß eben sein, nicht glatt, sondern griffig, so daß dem Spieler schnelle kurze Starts ermöglicht werden. Er sollte sich in der Farbe von Tisch und Ball unterscheiden.

Die Beleuchtung muß so beschaffen sein, daß eine gleichmäßige Ausleuchtung des Spielraums erzielt wird. Die Lichtstärke muß groß genug sein, damit der schnelle Ball während des Spiels vom Auge gut erfaßt werden kann.

Die Wände müssen farblich so gestaltet sein, daß sich der weiße bzw. gelbe Ball gut von ihnen abhebt.

Der Tisch ist genormt; er ist mit verschiedenen Linien versehen. Die Grenzlinien an den langen Seiten bezeichnet man als „Seitenlinien", die an den kürzeren Seiten werden „Grundlinien" genannt. Die Regeln für den Aufschlag im Doppelspiel machen es erforderlich, den Tisch durch eine „Mittellinie" in zwei Hälften auf jeder Seite des Netzes aufzuteilen. Der Tisch kann aus beliebigem Material bestehen, jedoch muß seine Oberfläche matt und mit einer dunklen Farbe versehen sein, damit einerseits Lichtspiegelungen ausgeschlossen sind, andererseits ein deutlicher Kontrast zum Ball besteht.
Die Oberfläche des Tisches muß eine gewisse Rauhigkeit haben. Dadurch entsteht beim Aufspringen des Balles auf den Tisch ein Bremseffekt, der das Sprungverhalten beeinflußt. Das Untergestell muß stabil, standfest und belastbar sein.

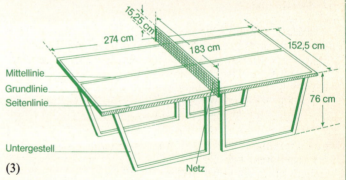

(3)

Das Netz ist insgesamt 183 cm lang, 15,25 cm hoch und wird mit Hilfe einer Schnur gespannt. Die Außenseiten der Pfosten sind 15,25 cm von der Seitenlinie entfernt.

Die Bekleidung ist nur für offizielle Wettkämpfe durch die Regeln festgelegt. Sie muß sportgerecht sein. Hemd und Hose dürfen nicht die Farbe Weiß oder Gelb haben, damit ein Kontrast zum Ball besteht. Im Freizeitbereich sind lediglich Sportschuhe mit rutschfesten Sohlen zu empfehlen.

Geräte- und Regelkunde

Worauf ist bei der Auswahl von Bällen zu achten, und wie kann man sich von der einwandfreien Beschaffenheit selbst überzeugen?

Der Ball beim Tischtennisspiel ist genormt; seine Farbe ist mattweiß oder mattgelb. Die Auswahl der Farbe hängt allein vom Spielort ab. In einen weißgestrichenen Kellerraum ist sicherlich der gelbe, in einer Sporthalle mit gelbem Fußboden und gelben Wänden ist natürlich der weiße Ball von Vorteil. Allerdings ist grundsätzlich festzustellen, daß ein gelber Ball besser wahrgenommen wird.

Die Bälle werden in vier Kategorien angeboten:
– Trainingsbälle
– Ein-Stern-Bälle
– Zwei-Stern-Bälle
– Drei-Stern-Bälle

(4)

Sie werden *alle* aus denselben Materialien (Zelluloid oder ähnlichem Plastikmaterial) hergestellt, aufgrund ihres Gewichts oder kleinster Produktionsfehler aber in die vier Kategorien unterteilt. Der Drei-Stern-Ball hat den Vorteil, daß er fehlerfrei und im Normgewicht ist. Für den Freizeitbereich reichen Ein-Stern-Bälle völlig aus, und im Schulunterricht sollen Trainingsbälle eingesetzt werden (möglichst 50 Stück pro Tisch, da dadurch die Lerneffektivität erheblich gesteigert wird). Trainingsbälle werden in Großpackungen (Ballwurfeimer) angeboten. Alle Bälle kann man auf ihre einwandfreie Beschaffenheit hin selbst prüfen:

Rundlauf: Ball einen Drehimpuls geben – er darf nicht „eiern".

Defekt: Ball „knistert", wenn er unter leichtem Druck auf dem Tisch gerollt wird.

(5)   (6)

Wie ist ein Tischtennisschläger aufgebaut, und welche Bedeutung hat vor allem der Belag für die Auswahl des Schlägers?

Der Schläger besteht aus:
– Schlägerblatt
– Schlägergriff
– Schlägerbelag

(7)

Das Schlägerblatt besteht zumeist aus Holz oder Kunststoff oder aus einer Kombination von beidem. Die Größe ist weder vorgeschrieben, noch hat sie besonderen Einfluß auf die Eigenschaften des Schlägers.

Der Schlägergriff sollte gut in der Hand liegen. Als Regel gilt: Der Schlägergriff darf nicht aus der den Schläger umfassenden Hand herausragen.

Beim **Schlägerblatt** unterscheidet man:
– Soft-Belag
– Backside-Belag
– Kombi-Belag
– Noppengummi-Belag

(8)

Die Elastizität und Haltbarkeit des Schaumstoffes sowie die Griffigkeit (der Reibungskoeffizient) des Noppengummis bestimmen die Eigenschaften des Belags. Die Elastizität wird außer von der Qualität noch von der Dicke des Schaumstoffs beeinflußt. Je dicker der Belag, desto größer ist die Auswirkung auf die Elastizität.

Für den Wettkampfsport sind nur solche Beläge zulässig, die eine Gesamtstärke (Noppengummi + Schaumstoff) von 4 mm nicht überschreiten.

Eine Reinigung des Belags ist von Zeit zu Zeit erforderlich, da durch Staub die Eigenschaften sich negativ verändern. Durch die Qualität des Materials bestimmt der Schläger die Spiel-

Geräte- und Regelkunde

stärke mit. Vor allem der Schlägerbelag hat den größten Einfluß auf die Spieleigenschaften des Schlägers. Soft-Beläge sind grundsätzlich für Abwehrspieler zu empfehlen. Backside-Beläge sind am vielseitigsten verwendbar und eignen sich für die unterschiedlichsten Spielweisen. Noppengummi-Beläge eignen sich in der Regel am ehesten für Angriffsspieler. Kombi-Beläge eignen sich für Allround-Spieler.

Welche allgemeine taktische Bedeutung hat der Aufschlag, und welche Regeln sind dabei zu beachten?

Der spieleröffnende Aufschlag hat eine große taktische Bedeutung. Der Aufschläger hat dabei immer taktische Vorteile gegenüber dem Rückschläger:
– er kann den Beginn zeitlich bestimmen
– er hat die Auswahl unter verschiedenen Schlagtechniken, die er, für den Gegner oft unerwartet, einsetzen kann.
Der Aufschläger sollte sich dieser Vorteile stets bewußt sein und diese Chancen nicht durch Unkonzentriertheit oder Unüberlegtheit vergeben.
Zu den Regeln beim Aufschlag: Wer zuerst aufschlägt, wird durch ein Los entschieden. Dabei verwendet man eine Münze, oder ein Spieler hält unter dem Tisch den Ball versteckt, wobei der andere erraten muß, in welcher Hand sich der Ball befindet.
Der Losgewinner hat nun vier Möglichkeiten:
– er entscheidet sich für den Aufschlag
– er entscheidet sich für den Rückschlag
– er entscheidet sich für eine Spielseite
– er gibt das Los an seinen Gegner ab.
Im Regelfalle sollte man sich für den Aufschlag entscheiden.
Hinweis: Nach der Wahl des Losgewinners hat der Verlierer die Chance, die übriggebliebenen Möglichkeiten zu bestimmen. Im folgenden Satz schlägt der Spieler auf, der im vorausgegangenen Rückschläger war.

Der Aufschlag wechselt nach jeweils fünf Punkten. (Ausnahmen: Während der „Verlängerung" ab dem Spielstand 20:20 und beim Zeitspiel wird nach jedem Punkt abwechselnd aufgeschlagen.)
Für die Ausführung gelten folgende Regeln:
– Der Ball muß auf dem Handteller der freien Hand ruhen
– Die ballhaltende Hand muß sich über dem Niveau der Spielfläche befinden
– Der Ball muß senkrecht hochgeworfen und mit dem Schläger in der fallenden Phase hinter der Grundlinie bzw. ihrer gedachten Verlängerung getroffen werden
– Der Ball muß so aufgeschlagen werden, daß er zuerst in der eigenen Spielhälfte aufspringt und nach Überqueren des Netzes die gegnerische Tischhälfte berührt.

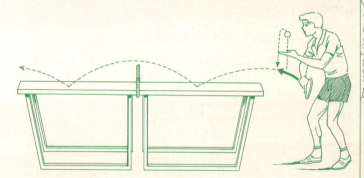

(9) Ausführung des Aufschlags

Ein Aufschlag muß wiederholt werden, wenn:
– der Ball beim Aufschlag das Netz oder die Netzpfosten berührt, bevor er in der gegnerischen Spielhälfte aufspringt („Netzaufschlag")
– der Ball nach Netzberührung vom Partner angenommen wird, ohne daß der Ball vorher dessen Spielhälfte berührt hat
– der Rückschläger noch nicht spielbereit war.

Welche Aufgaben haben der Schiedsrichter und seine Helfer?

Obwohl das Regelwerk des Tischtennisspiels unkompliziert und übersichtlich ist, ist die Aufgabe des Schiedsrichters nicht einfach. Es gibt sehr viele Einzelheiten, auf die er zur gleichen Zeit achten muß. Daraus entstehen häufig schwer zu entscheidende Fälle. Aus diesem Grund werden bei offiziellen Wettkämpfen auf höchster nationaler und internationaler Ebene dem Schiedsrichter folgende Hilfsschiedsrichter beigegeben:

Ein *Zeitnehmer* kontrolliert die Einspiel- und Satzspielzeit sowie die Pausenlänge.

Ein *Schlagzähler* zählt bei der Wechselmethode die Rückschläge.

Ein *Kantenballrichter* kontrolliert die dem Schiedsrichter gegenüberliegende Kante.

Ein *Grundlinienrichter* kontrolliert die Grundlinie.

Ein *Netzballrichter* ist bei Aufschlägen zuständig.

1. Person

Interessanterweise haben die Hilfsschiedsrichter im Gegensatz zu anderen Sportarten volle Entscheidungsgewalt.

Im Regelfall ist ein Schiedsrichter ausreichend. Er sollte selbstsicher seine Entscheidungen fällen und sie mit Entschiedenheit vertreten. Den Spielern muß dabei bewußt sein, daß der Schiedsrichter sich ständig um objektive Entscheidungen bemüht. Es ist unbedingt ratsam, Schüler schon von Anbeginn an mit der Funktion eines Schiedsrichters vertraut zu machen und sie diese übernehmen zu lassen. Hierbei werden wichtige Erfahrungen gemacht, so daß die Schwierigkeit der Aufgabe eines Schiedsrichters besser verstanden wird.

Für jede Veranstaltung ist außerdem ein Oberschiedsrichter zu benennen. Er ist für die Durchführung der Auslosung, die Aufstellung des Zeitplanes, für die Einhaltung der Regeln und bei Protesten zuständig. Er kann weiterhin Schiedsrichter und Hilfsschiedsrichter ablösen. Tatsachenentscheidungen des Schiedsrichters und der Hilfsschiedsrichter kann er nicht ändern.

Welche Möglichkeiten einer veränderten Regelauslegung gibt es bei Spielen im Freizeit- und Schulbereich?

Häufig ist es im Freizeit- und Schulbereich sinnvoll, auf die Einhaltung der internationalen Wettkampfregeln je nach Situation zu verzichten bzw. diese abzuändern. Dies kann verschiedene Gründe haben:

Oft wollen zwei Spieler miteinander spielen, zwischen denen erhebliche Leistungsunterschiede bestehen. Durch Regeländerungen kann man erreichen, daß der Spielausgang offen gehalten wird und so für beide das Spiel reizvoll bleibt.

Wenn mehr Spieler als Tische zur Verfügung stehen, so ist dies eine Situation, in der ein äußerer Zwang besteht, allen zu ihrem Recht zu verhelfen und niemanden unbeteiligt zu lassen. Leistungsschwächere Spieler können oft eine exakte regelgerechte Ausführung nicht zeigen, weil ihre Bewegungsfertigkeit nicht ausreicht.

Zugeständnisse an den Partner und eine großzügige Handhabung der Regeln ist auch dann erforderlich, wenn die Situation nicht eindeutig zu klären ist oder nicht sofort Einvernehmen herrscht. Folgende Möglichkeiten der Regeländerung haben sich bewährt:

– Vorgabe-Spiele (der leistungsschwächere Spieler erhält Punkte vor)

– Ablöse-Spiele (z. B. wechseln sich zwei Spieler nach jeweils 5 Punkten ab)

– Lang- oder Kurzsätze (nicht beim 21. Punkt endet der Satz, sondern früher oder später)

– Tischtennis nach Volleyball-Regeln (nur der Aufschläger kann einen Punkt machen)

– Verzicht auf die exakte Durchführung beim Aufschlag

– freie Hand darf Tisch berühren

– Anerkennung eines Punktes, wenn der Ball offensichtlich hinter der Grundlinie als Flugball angenommen wird

– Wiederholung eines Balles, falls keine Eindeutigkeit vorliegt (z. B. Kantenball).

Allgemeine Merkmale der Technik

Warum soll der Spieler seine Aktionen aus einer Bereitschaftsstellung beginnen, und wie sieht diese aus?

Vor jedem Schlag muß der Spieler entscheiden, ob er mit Vorhand oder Rückhand retourniert. Hierzu ist jeweils eine besondere Stellung erforderlich, deren Einnahme in der Regel mehr oder weniger große Veränderungen in der Körperhaltung und in der Spielposition nach sich zieht. Daher ist es zweckmäßig, daß sich der Spieler nach jedem Schlag wieder in eine Bereitschaftsstellung begibt. Nur aus dieser Stellung ist er in der Lage, sich möglichst schnell und sicher in die entsprechende Stellung und Position für die einzelne Schlagtechnik zu begeben.

Merkmale der Bereitschaftsstellung:
1. Vier Winkel sind zu beachten:
Zwischen Fuß und Unterschenkel
Zwischen Unter- und Oberschenkel
Zwischen Oberschenkel und Rumpf
Zwischen Unter- und Oberarm (90°).
2. Die Beine sind gegrätscht, Füße stehen schulterbreit (ca. 30–50 cm) parallel nebeneinander.
3. Das Gewicht ist auf die Fußballen verlagert.

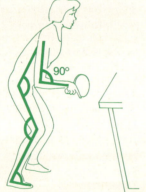
(10) Bereitschaftsstellung: Seitenansicht

In dieser Bereitschaftsstellung befindet sich der Spieler in einem Abstand von ca. 1 m von der Grundlinie, wobei beim Rechtshänder die Position etwas zur linken Seite des Tisches hin versetzt ist. Dies geschieht deshalb, weil die Reichweite auf der Vorhandseite größer ist. Während der Bereitschaftsstellung entspricht die Schlägerhaltung der typischen Rückhandstellung.

Wie gelangt der Spieler aus der Bereitschaftsstellung in die Grundstellung für Vorhand- oder Rückhandschläge?

Die nachfolgenden Erläuterungen beziehen sich jeweils auf Rechtshänder. Für Linkshänder gilt die entsprechende gegengleiche Ausführung.
Die Bewegungsausführung zum Einnehmen der Grundstellung ist davon abhängig, in welcher Entfernung von der Grundlinie der vom Gegenspieler geschlagene Ball aufspringt, d. h. ob der Ball „lang" oder „kurz" gespielt ist. Bei der Vorhand-Stellung wird bei einem „kurzen" Ball der linke Fuß nach vorne gesetzt, bei einem „langen" Ball der rechte Fuß nach hinten. Bei der Rückhand-Stellung wird bei einem „kurzen" Ball der rechte Fuß nach vorne gesetzt, bei einem „langen" Ball der linke Fuß nach hinten. Diese Bewegungsausführung gilt nur für die Grundstellung und muß für einige Schlagarten abgeändert werden.

Merkmale der Vorhand-Stellung:
1. Die Schlagseite ist geöffnet; zwischen Körperquerachse und Grundlinie besteht ein Winkel zwischen 45° und 90°.
2. Der linke Fuß steht näher zum Tisch; beide Füße bilden einen Winkel von ca. 90°.

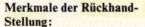
(11) Vorhand-Stellung

Merkmale der Rückhand-Stellung:
Bei Rückhandschlägen mit Rückwärtsdrall ist die Stellung wie bei Vorhandschlägen, nur gegengleich, d. h., der rechte Fuß steht näher zum Tisch.

(12) Rückhand-Stellung

Werden Rückhandschläge mit Vorwärtsdrall ausgeführt, so ist nur eine leichte Seitstellung zum Ball erforderlich. Die Ausführung ist sogar aus der Bereitschaftsstellung möglich.

Merkmale der Technik

Welche beiden Formen der Schlägerhaltung kann man unterscheiden, und wie sieht die korrekte Shakehand-Haltung aus?

In Europa hat sich eine Schlägerhaltung durchgesetzt, bei der man beide Schlägerseiten für die Ausführung bestimmter Schlagtechniken in Angriff und Abwehr verwendet. Da man den Schläger dabei aufnimmt, als wollte man jemandem die Hand geben, wird diese Schlägerhaltung auch als „Shakehand-Haltung" bezeichnet.

Die meisten asiatischen Spieler (80–90%) fassen den Schläger wie einen Federhalter. Man bezeichnet diese Schlägerhaltung daher auch als „Penholder-Haltung". Bei dieser Schlägerhaltung wird durchweg nur eine Seite des Schlägers benutzt. Sie eignet sich überwiegend nur für das Spielen von Angriffssystemen.

Merkmale der Shakehand-Haltung: Daumen und Zeigefinger liegen auf dem unteren Rand des Schlägerblattes auf, der Daumen auf der Vorhandseite, der Zeigefinger auf der Rückhandseite. Die übrigen Finger umfassen haltend den Schlägergriff. Mit dieser Schlägerhaltung werden alle Schlagtechniken ausgeführt.

(13) Vorhand-Ansicht

(14) Rückhand-Ansicht

Mit einer falschen Schlägerhaltung sind die Schlagtechniken nur unzulänglich auszuführen. Deshalb muß schon bei Anfängern auf eine korrekte Haltung geachtet und gegebenenfalls sofort korrigiert werden. Häufig treten fehlerhafte Schlägerhaltungen beim Wechsel der Schlagtechnik auf, indem umgegriffen wird. *Das Umgreifen* sollte jedoch unbedingt vermieden werden, da es sich dabei um einen Versuch handelt, falsche Bewegungsausführungen auszugleichen. Beim schnellen Wechsel von Vorhand auf Rückhand bzw. umgekehrt schleichen sich durch das Umgreifen zudem leicht Fehler ein.

Welche Stellungen des Schlägers unterscheidet man, und in welche Phasen kann man die Schlagbewegung unterteilen?

Zum Zeitpunkt des Treffens weist das Schlägerblatt eine unterschiedliche Stellung zur Schlagrichtung bzw. zur Waagerechten (Tischplatte) auf. Diese hängt davon ab, in welcher Weise der ballannehmende Spieler auf das Flug- und Sprungverhalten des Balles reagieren muß bzw. in welcher Weise er den Ball zu retournieren beabsichtigt. Ist der Winkel zwischen Schlägerblatt und Schlagrichtung kleiner als 90°, so spricht man von einer geschlossenen bzw. halb geschlossenen Schlägerstellung.

Ist der Winkel größer als 90°, so spricht man von einer geöffneten bzw. halb geöffneten Schlägerstellung. Bei einem Winkel von 90° spricht man von einer senkrechten Schlägerstellung.

1 = geöffnet
2 = halb geöffnet
3 = senkrecht
4 = halb geschlossen
5 = geschlossen

(15) Schlägerstellungen

Obgleich jede Schlagtechnik ihre besonderen Merkmale aufweist, kann man für jede Schlagbewegung eine Grundstruktur unterscheiden, die allen gemeinsam ist. Diese weist drei verschiedene Phasen auf:
eine Ausholphase
eine Treffphase
eine Ausschwungphase.

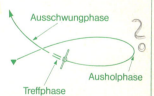

(16) Phasenstruktur eines Schlages

Die verschiedenen Schlagtechniken kann man danach zu Gruppen zusammenfassen, welche kennzeichnenden Ausformungen die einzelnen Phasen aufweisen. Diese werden am deutlichsten in der Ausschwungphase sichtbar. Die Abbildung zeigt die Grundstruktur eines Schlages mit Vorwärtsdrall.

Merkmale der Technik

Wie wirken sich Schlägerstellung und Schlagbewegung auf das Flugverhalten des Balles aus?

Beim Tischtennisspiel kann der Ball so gespielt werden, daß er nicht nur nach dem kurzen Kontakt mit dem Schläger (ca. 1/500 Sekunde) eine Bewegung in Richtung auf den Gegenspieler ausführt, sondern gleichzeitig eine Rotationsbewegung um den eigenen Mittelpunkt. Diese Rotation bezeichnet man auch als Drall oder Schnitt. Der Drall kann maximal 150 Umdrehungen pro Sekunde betragen. Unter diesem Gesichtspunkt kann man im Tischtennis grundsätzlich folgende Schläge unterscheiden:
Schläge ohne Drall
Schläge mit Vorwärtsdrall
Schläge mit Rückwärtsdrall
Schläge mit Seitendrall.
Außerdem sind Kombinationen verschiedener Drallarten möglich, z. B. kann ein Ball sowohl Vorwärts- und Seitendrall aufweisen. Welchen Drall der Ball erhält, hängt nun im wesentlichen von der Schlägerstellung und der Form der Ausschwungphase bei der Schlagbewegung ab.

(17) Vorwärtsdrall

(18) Rückwärtsdrall

(19) Seitendrall

Beim Vorwärtsdrall ist das Schlägerblatt zum Zeitpunkt des Treffens grundsätzlich senkrecht bis geschlossen, bei Schlägen, die dem Ball einen Rückwärtsdrall verleihen, halb geöffnet bis geöffnet. Bei Schlägen mit Seitendrall ist eine senkrechte Schlägerstellung festzustellen.
Die Schlagbewegung geht bei Schlägen mit Vorwärtsdrall in der Treff- und Ausschwungphase deutlich nach vorwärts-aufwärts, bei Schlägen mit Rückwärtsdrall vorwärts-waagerecht bis vorwärts-abwärts. Beim Schlag mit Seitendrall (Sidespin) kommt es zu einer aufwärtsführenden Ausschwungphase.

Der Drall hat einen Einfluß auf die Flugbahn und auf den Absprungwinkel des Balles. Bei gleicher Schlagstärke, d. h. bei gleichem Kraftimpuls, würde ein Ball mit Rückwärtsdrall einen längeren Weg als ein Ball mit Vorwärtsdrall zurücklegen. Das ist darauf zurückzuführen, daß bei einem vorwärts rotierenden Ball der Drall auf den Ball eine zusätzliche Kraft senkrecht zur Bewegungsrichtung darstellt, die die Anziehungskraft der Erde unterstützt. Für die Ausführung eines Schlages hat das Folgen. So muß die Schlägerfläche bei einem Konterschlag um so mehr geschlossen sein, je mehr der zu spielende Ball Vorwärtsdrall hat.

Die Geschwindigkeit des Balles nimmt vom Zeitpunkt des Treffens bis zum Zeitpunkt des Aufspringens auf den Tisch ab. Hinsichtlich der Geschwindigkeit nach dem Aufspringen weisen Bälle mit Vorwärtsdrall und Bälle mit Rückwärtsdrall allerdings Unterschiede auf. Bälle mit Vorwärtsdrall beschleunigen nach dem Aufspringen, indem sie den Drall in Geschwindigkeit umsetzen. Bälle mit Rückwärtsdrall fliegen infolge eines Bremseffekts nach dem Aufspringen mit geringerer Geschwindigkeit weiter.

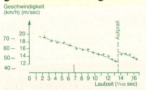 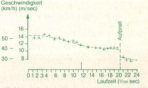

(20) Ball mit Vorwärtsdrall   (21) Ball mit Rückwärtsdrall

Die Fluggeschwindigkeit des Balles hängt im wesentlichen von der Geschwindigkeit, mit der der Ball ankommt, und der Geschwindigkeit des Armzuges ab. Die Fluggeschwindigkeit des Balles liegt gemessen zwischen 20 km/h und 170 km/h, die Geschwindigkeit des Armzuges dagegen nur zwischen 60 und 70 km/h. Es gelten die Bedingungen wie beim elastischen Stoß. Aufschläge haben also eine geringere Geschwindigkeit als Bälle, die retourniert werden.

Merkmale der Technik

Wie ist das Sprungverhalten des Balles bei verschiedenen Formen des Dralls, und welche Schlägerstellung ist für die Ballannahme richtig?

Sprungverhalten und Geschwindigkeit des Balles nach dem Auftreffen auf den Tisch sind je nach Drall verschieden. Auf beides muß der Spieler bei der Ballannahme auch durch eine entsprechende Schlägerstellung reagieren.

Bei Bällen mit Vorwärtsdrall ist der Ausfallwinkel kleiner als der Einfallwinkel. Der Ball ist schnell. Will der Spieler den Ball mit einem Abwehrschlag retournieren, muß er vom Ball „weggehen". Für einen Angriffsschlag muß er das Schlägerblatt stark nach innen stellen (geschlossene Schlägerstellung).

(22) Schlägerstellung und Winkel bei Vorwärtsdrall

Bei Bällen mit Rückwärtsdrall ist der Ausfallwinkel größer als der Einfallwinkel. Der Ball ist langsam. Der Spieler muß zum Ball „gehen". Will er den Ball mit einem Angriffsschlag retournieren, muß er das Schlägerblatt senkrecht oder nur ein wenig nach innen stellen (senkrechte oder leicht geschlossene Schlägerstellung).

(23) Schlägerstellung und Winkel bei Rückwärtsdrall

Bei Bällen mit Seitendrall oder solchen ohne jeden Drall sind Einfallwinkel und Ausfallwinkel gleich groß. Die Ballannahme erfordert eine angepaßte Schlägerstellung. Das Schlägerblatt steht schräg, d. h., es bildet mit der Grundlinie einen Winkel.

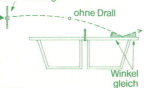

(24) Schlägerstellung und Winkel beim Schlag ohne Drall

Welche Faktoren bewirken eine Veränderung in der Ausführung ein und derselben Schlagtechnik?

Jede Beschreibung einer Schlagtechnik gibt nur das Grundsätzliche und allen Ausführungen Gemeinsame an. Aufgrund konstitutioneller oder konditioneller Voraussetzungen weist die Bewegungsausführung bei einer Schlagtechnik bei verschiedenen Menschen individuelle Schwankungen auf. Jede Schlagtechnik ist außerdem im Spiel situationsbezogen zu variieren. Veränderungen werden allein schon dadurch veranlaßt, daß Bälle mit unterschiedlicher Geschwindigkeit vom Gegenspieler zugespielt werden oder der retournierte Ball hart, weich, lang oder kurz gespielt werden soll. Veränderungen bei einer bestimmten Schlagtechnik werden aber auch dadurch hervorgerufen, daß die Möglichkeit des Treffpunktes unterschiedlich gewählt werden kann. Die Flugkurve des Balles weist nach dem Auftreffen auf dem Tisch eine aufsteigende und eine absteigende Phase sowie einen höchsten Punkt auf. Der Spieler hat die Möglichkeit, den Ball „früh", d. h. in der aufsteigenden Phase, oder „spät", d. h. in der absteigenden Phase, zu „nehmen".

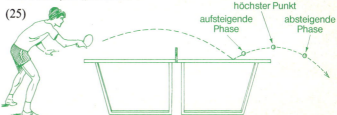

(25)

Trifft der Spieler den Ball „früh" oder „spät", so ergeben sich daraus auch Veränderungen in der Ausführung der Schlagtechnik. Diese werden grundsätzlich in der Ausschwungphase sichtbar. So wird z. B. bei einem Topspinschlag mit Treffpunkt in der absteigenden Phase der Ausschwung steil aufwärts gehen. Im Gegensatz dazu führt beim Treffen im höchsten Punkt der Ausschwung etwa waagerecht vorwärts.

Schlagtechniken für das Spiel

Unter welchen Aspekten kann eine systematische Einteilung der verschiedenen Schlagtechniken vorgenommen werden?

Eine Gliederung von Schlagtechniken ist nach ganz unterschiedlichen Aspekten möglich. Die nachfolgende Aufzählung nennt einige Aspekte, die für eine sinnvolle Einteilung herangezogen werden können:
– Schlagbewegung
– Schlägerblattstellung
– Treffpunkt des Balles
– Flugverhalten und Sprungverhalten des Balles
– Position des Spielers im Augenblick des Treffens
– Funktion des Schlages für die Spielgestaltung
– Auftreffen des Balles im Feld des Gegners
– Schlagauswahl
– Spielsituation

Diese Aspekte sind nicht streng voneinander zu trennen. Sie sind teilweise voneinander abhängig bzw. treten stets gemeinsam auf. So haben beispielsweise Schlägerblattstellung und Schlagbewegung unmittelbaren Einfluß auf das Flug- und Sprungverhalten des Balles. Um die Aspekte genauer zu kennzeichnen, werden nachfolgend einige Erläuterungen gegeben.

Schlagbewegung: Die Schlagbewegung kann nach räumlichen, zeitlichen und dynamischen Kriterien analysiert werden. Beispiele dafür sind Kennzeichnungen wie „hinten oben" und „schnell" oder „kraftvoll".

Schlägerblattstellung: Die Kennzeichnung der Schlägerblattstellung reicht von „senkrecht" bis „geschlossen" bzw. „offen".

Treffpunkt des Balles: Nach dem Aufspringen auf dem Tisch kann der Ball „spät" oder „früh" genommen werden, wie es in der Fachsprache heißt. Eindeutiger ist die Gliederung der Flugkurve nach dem Aufspringen in „aufsteigende Phase", „höchster Punkt" und „absteigende Phase".

Flug- und Sprungverhalten des Balles: Hier ist einmal der Drall zu unterscheiden, den der Ball durch den Schlag erhält: Vorwärtsdrall, Rückwärtsdrall und Seitendrall. In Abhängigkeit vom Drall weist der Ball eine gerade oder gebogene Flugkurve auf. Der Drall wirkt sich ebenso auf die Form des Sprungverhaltens aus. Der Ball kann hoch oder flach abspringen, er kann schnell oder langsam werden.

Position des Spielers im Augenblick des Treffens: Die Häufigkeit, mit der bestimmte Schläge aus der Nahdistanz-, Halbdistanz- oder der Langdistanz-Zone geschlagen werden, ist sehr verschieden. Technisch sind bestimmte Schläge auch nur in bestimmten Zonen zu realisieren.

Funktion des Schlages für die Spielgestaltung: Wenn man bestimmte Formen der Spielgestaltung oder bestimmte Spielertypen unterscheidet, so läßt sich zu diesen eine Zuordnung von Schlagtechniken vornehmen. Beispielsweise verfügt ein Abwehrspieler über ein bestimmtes Schlagrepertoire, das Grundlage für seine Spielgestaltung ist. Sein Spielverhalten ist dadurch gekennzeichnet, daß er auf Fehler des Gegners wartet, das Spiel langsam zu gestalten versucht und den Ball lange im Spiel hält.

Auftreffen des Balles im Feld des Gegners: In welchem Teil der gegnerischen Tischhälfte der Ball auftrifft, hängt teilweise mit der Schlagtechnik, mehr aber mit der Wucht des Schlages und der taktischen Position des Gegners zusammen.

Schlagauswahl: Den Ballwechsel beim Tischtennis kann man wie bei anderen Rückschlagspielen als eine Art Dialog verstehen, bei dem der zugespielte Ball des Gegners als eine Art Frage und der retournierte Ball als eine Art Anwort aufgefaßt werden. Jede Frage verlangt dabei nach einer bestimmten Antwort, die als einzige angemessen, d. h. erfolgreich ist.

Spielsituation: Nach dem Regelwerk gibt es zwei eindeutige Situationen in einem Spiel: der Beginn eines Ballwechsels bzw. die Spieleröffnung (Aufschlag) und die Situation während eines Ballwechsels.

Schlagtechniken

Warum ist eine eindeutige Einteilung der verschiedenen Schlagtechniken so schwierig?

Eine Analyse der Aspekte, unter denen man die beim Tischtennisspiel vorkommenden Schläge ordnen kann, ergibt unter dem Aspekt der Spielsituation eine einsichtige Einteilung, die allerdings sehr grob ist. Bei den durch das Regelwerk festgelegten Spielsituationen kann man unterscheiden in:
1. die Spieleröffnung (Aufschlag) bzw. die Eröffnung eines Ballwechsels
2. den Ballwechsel (Ball im Spiel).

Eine Einteilung unter diesem Aspekt ergibt bei den Schlagtechniken die beiden Gruppen:
1. Schlagtechniken zur Eröffnung eines Ballwechsels (Aufschläge)
2. Schlagtechniken für den Ballwechsel.

Will man die Aufschläge weiter untergliedern, so ist der Gesichtspunkt des Flugverhaltens (Drall/Schnitt) ein tragfähiger Aspekt für eine Einteilung. Unter Zugrundelegung dieses Aspekts ergibt sich die Unterteilung:
1. Aufschläge ohne Drall
2. Aufschläge mit Rückwärtsdrall
3. Aufschläge mit Vorwärtsdrall
4. Aufschläge mit Seitendrall.

Schwieriger gestaltet sich jedoch der Versuch, die Gruppe „Schlagtechniken für den Ballwechsel" zu untergliedern. Die Vielfalt der in der Tischtennis-Literatur zu findenden Bezeichnungen und unterschiedlichen Terminologien läßt schon ahnen, daß hier eine systematische Ordnung schwierig ist. Bezeichnungen wie Drive, Schuß, Peitsche, Zugball, Treibspin und Kontradrive, um nur eine Auswahl zu geben, legen die Vermutung nahe, daß mit verschiedenen Bezeichnungen Gleiches oder zumindest Ähnliches gemeint ist. Einheitliche Bezeichnungen für die Schlagtechniken gibt es im Tischtennis nicht. Die offiziellen Tischtennisregeln benötigen nur die Bezeichnungen „Aufschlag" und „Rückschlag", um für Wettkämpfe Regelungen zu treffen. Bei Schlagtechniken für den Ballwechsel sollten die Namen auf -schlag enden, also Topspinschlag usw. Bei der Kennzeichnung von Techniken wird nämlich in erster Linie der Bewegungsablauf von Schlägen beschrieben, der ein bestimmtes Ballverhalten zur Folge hat.

Die englischen Namen erklären sich aus der Geschichte des Tischtennisspiels. Die ersten Weltmeisterschaften wurden 1926 in einer Kirche in London ausgetragen. Der erste Präsident des Internationalen Tischtennis-Verbandes (ITTF) war ein Engländer.

Die Schwierigkeit besteht neben einer eindeutigen Abgrenzung der Aspekte auch darin, daß viele Schlagtechniken geringfügig variiert werden können, die Grundstruktur je nach dem herrschenden Aspekt jedoch die gleiche bleibt. Einige Schlagtechniken entstehen auch durch eine Kombination aus Elementen verschiedener Schlagtechniken. Viele weisen je nach Spieler individuelle Besonderheiten auf. Oftmals handelt es sich bei den Merkmalen auch um solche, die das Auge kaum registrieren kann, da sie entweder mit hoher Schnelligkeit oder einer geringen Bewegungsweite/Bewegungsumfang verbunden sind.

Ein Ballonschlag kann beispielsweise als Schlagtechnik für den Angriff wie auch für die Abwehr gespielt werden. Der Aspekt „Funktion des Schlages für die Spielgestaltung" führt also bei dieser Schlagtechnik zu keiner eindeutigen Abgrenzung, erweist sich also als wenig tauglich für eine systematische Gliederung. Wie auch beim Block ergibt sich daraus eine Sonderstellung dieser Schlagtechnik. Dieselbe Schlagtechnik kann „früh" oder „spät" gespielt werden, z. B. der Topspinschlag, so daß auch hier Veränderungen eintreten, obgleich die Grundstruktur erhalten bleibt. Der Aspekt „Treffpunkt des Balles" ist also in diesem Falle für eine Unterscheidung nur bedingt tauglich.

Schlagtechniken

Was ist beim Erlernen und Üben der verschiedenen Schlagtechniken zu beachten, und wie sieht allgemein ein methodischer Aufbau beim Erlernen aus?

Es kann grundsätzlich festgestellt werden, daß alle Schlagtechniken, ob sie nun dem Ball einen Vorwärts-, Rückwärts- oder Seitendrall mitgeben, eine Vielzahl von Bewegungsmerkmalen gemeinsam haben. Deshalb sind die meisten der angegebenen Übungsbeispiele übertragbar auch auf die Schlagtechniken, für die sie in der Darstellung nicht speziell angegeben sind. Häufig sind auch geringfügige Veränderungen erforderlich, z. B. sollte das Zuspiel zu einem Schmetterschlag hoch und zu einem Treibschlag mittelhoch oder flach sein.

Die Übungsformen sollten auf die Leistungsfähigkeit des Übenden abgestimmt sein. Während der Anfänger z. B. den Konterschlag aus dem Hockstand gegen eine Wand üben sollte, kann der Fortgeschrittene bereits Übungen am Tisch durchführen.

Schwierige Bewegungen, die zudem noch sehr schnell ablaufen und in Situationen vorkommen, in denen man geistig beweglich und schnell reagieren muß, müssen sehr häufig wiederholt werden, bis sie automatisiert sind und der Spieler auch unter Bedrängnis sie sicher beherrscht. Um hohe Wiederholungszahlen bei den Übungsformen für Anfänger zu erreichen, empfiehlt es sich, ein Balldepot (Kiste, Korb) zu verwenden. Dadurch wird der Übungsprozeß nicht so häufig unterbrochen.

Tischtennis ist ein Rückschlagspiel, bei dem die Übungssituation in besonderer Weise vom Partner abhängt. Der Partner muß durch sein Zuspiel dafür sorgen, daß die Bälle immer gleich kommen, die Übungssituation also in gewisser Weise genormt oder standardisiert ist. Nur dann ist in der Regel die Übungssituation für den Spieler leichter als eine Situation im Spiel. Daher ist für ein Zuspiel in Übungsformen der beste Spieler auch der geeignetste Trainingshelfer.

Grundsätzlich lassen sich alle Techniken methodisch nach folgendem Muster aufbauen:

1. Phase: Übungsformen ohne Partner und ohne Tisch (z. B. Spiel gegen eine Wand, gegen bzw. auf ein Zielfeld, in den freien Raum)

(26)

2. Phase: Übungsformen mit Partner, jedoch ohne Tisch (z. B. Spiel auf dem Fußboden, über Hindernisse, z. B. Zauberschnüre oder Bänke)

3. Phase: Übungsformen mit Partner und auf dem Tisch, allerdings ohne Netz. Durch das Fehlen des Netzes kommen viel längere Ballwechsel zustande. Ohne Netz sollten auch später noch schwierige Schlagtechniken geübt werden.

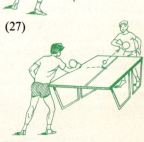
(27)

4. Phase: Übungsformen mit Partner und auf dem Tisch mit Netz. Wird hierbei der Ball ins Aus geschlagen, sollte nach Möglichkeit versucht werden, den Ballwechsel nicht zu unterbrechen, d. h., der Ball kann nach dem Aufspringen auf den Boden weitergespielt werden.

(28)

(29)

Schlagtechniken

Wie kann man auf einen Ball, der aus kurzer Entfernung mit maximal 170 km/h angeflogen kommt, schnell und genau reagieren?

Die Zeitdauer, in der ein Ball Kontakt mit dem Schläger hat, beträgt nur 1/500 Sekunden. Während dieser außerordentlich kurzen Zeitspanne führt der Schläger den Ball zwischen 0–10 mm und gibt ihm dabei die gewünschte Richtung und gegebenenfalls den gewünschten Drall. Bei einem Block führt der Schläger den Ball gar nicht; bei einem harten Schmetterschlag maximal 10 mm. Bis der Ball die Entfernung von einem Ende des Tisches zum anderen zurückgelegt hat, vergeht häufig weniger als 1/10 sec.

Bevor ein Spieler jedoch den Ball zurückschlägt, kann er in ganz kurzer Zeit eine Vielzahl von *Wahrnehmungen* aufnehmen, die für sein Verhalten von Bedeutung sind. Von den verschiedenen Arten der Wahrnehmung sind vor allem die der Augen (visuelle), der Ohren (auditive) und die seiner eigenen Muskulatur (kinästhetische) wichtig. Beim Gegenspieler nimmt er beispielsweise dessen Form der Schlagbewegung wahr; bei sich selbst die Position des Körpers im Raum. Gleichzeitig muß er die Flugbahn und das Flugverhalten des Balles beurteilen. Allerdings ist die Wahrnehmung der Situation für ihn einfacher als für einen Spieler in den Mannschaftsspielen, weil mehrere Mitspieler und deren Verteilung auf einer größeren Spielfläche fehlen.

Auf der Grundlage dieser Wahrnehmungen muß er im Bruchteil von Sekunden Entscheidungen treffen, beispielsweise hinsichtlich der Schlagauswahl. Menschen mit einer sehr kurzen *Reaktionszeit* können dies besser leisten als solche mit einer längeren. Allerdings weiß man nicht genau, ob der Anteil an der Reaktionszeit, der die Aufnahme und die Verarbeitung von Reizen durch die Nerven betrifft, durch Übung zu verbessern ist. Die Reaktionszeit als die Zeit, die zwischen der Reizsetzung und der entsprechenden Beantwortung vergeht, schwankt auch beim einzelnen Menschen erheblich.

Eine Verbesserung der Reaktionszeit bei komplizierteren Bewegungen beruht zumeist auf einer Verbesserung der *Koordination,* d.h. des Zusammenspiels innerhalb eines Muskels zwischen Muskelfasern und zwischen verschiedenen Muskeln zur zielgerichteten Ausführung einer Bewegung. Die Koordinationsfähigkeit ist durch Übung jedoch erheblich zu steigern. Eine große Hilfe für ein zielgerichtetes Reagieren ist auch, daß Bewegungen durch ständige Wiederholung automatisiert werden können. Von einer *automatisierten Bewegung* sprechen wir dann, wenn die Koordination der Teilbewegungen optimal und der Konzentrations- und Energieaufwand gering sind. Sie ist weitgehend unabhängig von äußeren Wahrnehmungen und wenig störanfällig.

Geschieht die Ausführung einer Bewegung sehr schnell und weitgehend unabhängig vom Gehirn, d.h. ohne bewußte Kontrolle, so spricht man von einem *Reflex.* Bei automatisierten Bewegungsabläufen sind angeborene und erlernte Reflexe als Elemente weitgehend einbezogen.

Eine weitere wesentliche Hilfe bei Reaktionen in einem schnellen Spiel stellt die Fähigkeit des Menschen dar, Bewegungen zu antizipieren. Unter *Antizipation* versteht man dabei die gedachte Vorwegnahme von Fremd- und Eigenbewegungen und die Abstimmung des eigenen Verhaltens darauf. Aus dem Bewegungsverhalten des Gegenspielers insgesamt oder auch nur aus dessen Schlagansatz erkennt ein erfahrener Spieler, wie der Ball „kommen" wird und wie er darauf zu reagieren hat. Je besser die Wahrnehmungsfähigkeit entwickelt ist und je umfangreicher die Erfahrung eines Spiels ist, um so besser ist sein Antizipationsvermögen. Die Wahrnehmungsfähigkeit ist nachgewiesenermaßen durch Übung entscheidend zu verbessern. Sie kann auch helfen, angeborene Schwächen in anderen Bereichen auszugleichen und die Bewegungsleistung zu steigern.

Schlagtechniken für das Spiel
1. Schlagtechniken zur Eröffnung eines Ballwechsels

Welche Formen von Aufschlägen gibt es im Tischtennisspiel, und wie kann man sie variationsreich spielen?

Wenn man davon ausgeht, welchen Drall dem Ball durch die Aufschlagbewegung mitgegeben wird, so kann man vier Formen von Aufschlägen unterscheiden:
1. Aufschlag ohne Drall
2. Aufschlag mit Vorwärtsdrall
3. Aufschlag mit Rückwärtsdrall
4. Aufschläge mit Seitendrall
a) Schlägerblatt oben (nur mit Vorhand zu spielen)
b) Schlägerblatt unten

Mit Ausnahme des Aufschlags mit Seitendrall mit hochgestelltem Schlägerblatt sind also alle Aufschläge sowohl mit der Vorhandseite wie mit der Rückhandseite zu spielen.
Jede Hälfte des Tischtennistisches kann man in drei Zonen einteilen: in *Netzzone*, *Mittelzone* und *Grundlinienzone*.

Jeder Aufschlag, mit Ausnahme des Aufschlags mit Vorwärtsdrall, der nur in die Grundlinienzone plaziert wird, kann in eine dieser drei Zonen plaziert werden und bereitet damit dem Gegenspieler beim Retournieren unterschiedliche Schwierigkeiten. Je nach der Entfernung vom Netz spricht man von „kurzen" oder „langen" Bällen.

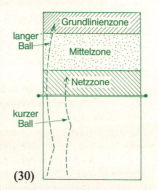

(30)

Neben den verschiedenen Plazierungsmöglichkeiten in der gegnerischen Häfte kann man die Aufschläge noch nach zwei weiteren Gesichtspunkten variieren: nach Richtung und Wucht. Jede der vier Aufschlagformen kann hinsichtlich der Richtung diagonal oder parallel gespielt werden, hinsichtlich der Wucht weich oder hart.

Welchen Spielraum für eine individuelle Ausführung des Aufschlags lassen die Regeln, und vor welche Schwierigkeiten stellen sie den Schiedsrichter?

Die Ausführung des Aufschlags ist durch die Tischtennisregeln sehr genau festgelegt (vgl. S. 12). Interessanterweise gehören die Aufschlagregeln zu denen, die in der Geschichte des Tischtennissports am häufigsten geändert worden sind. Ein spielentscheidender Einfluß des Aufschlags, bloße Aufschlagduelle und auch Manipulationen sollen vermieden werden.
Individuelle Ausführungsmöglichkeiten sind für den Aufschlag einmal dadurch gegeben, daß der Ball unterschiedlich hoch geworfen werden darf. Mit der *Variation der Höhe* hat der Spieler auch die Möglichkeit, den Treffpunkt des Balles unterschiedlich hoch zu wählen.
Nach den Regeln muß sich der Treffpunkt hinter der Grundlinie bzw. hinter deren Verlängerung befinden. Der Spieler kann daher auch seine Position unterschiedlich wählen und die gleiche Aufschlagform *von verschiedenen Positionen* ausführen. Besonders wirkungsvoll ist es, bei gleichem Schlagansatz und gleicher Position Aufschläge variantenreich zu spielen.
Der Schiedsrichter hat es sehr schwer, zwischen fehlerhaften, regelwidrigen und guten, regelgerechten Aufschlägen zu unterscheiden. Das gilt besonders für die beiden folgenden Regeln: Dem hochgeworfenen Ball darf *kein Drall* mitgegeben und er darf erst *in der fallenden Phase* geschlagen werden. Die Beachtung beider Bestimmungen überfordern den Schiedsrichter vor allem dann, wenn der Ball nur kurz angeworfen wird und der Bewegungsablauf daher sehr schnell ist. Eine Hilfe ist jedoch, daß der Aufschlag so auszuführen ist, daß der Schiedsrichter den Ablauf genau verfolgen kann. Ist das nicht der Fall, kann er die Wiederholung des Aufschlags verlangen.

Aufschläge

Wann werden die verschiedenen Aufschlagformen gespielt, und welche Möglichkeiten gibt es für den Rückschläger?

Das Ziel eines jeden Spielers sollte darin bestehen, möglichst viele bzw. alle Schlagtechniken zu beherrschen, um seine Handlungsmöglichkeiten für das Spiel zu erweitern und auf die Stärken und Schwächen seiner Gegenspieler variabel reagieren zu können. Deshalb ist es auch sinnvoll, alle Formen des Aufschlags zu erlernen. Auch der vielseitigste Spieler hat dennoch seine speziellen Aufschläge, die er am besten beherrscht und am erfolgreichsten einsetzt. Auf diese wird er immer dann zurückgreifen, wenn er in Bedrängnis ist und er vor allem „auf Sicherheit" spielen muß.

Die Wahl eines Aufschlags hängt taktisch vor allem davon ab, wie der weitere Spielzug geplant ist. So wird beispielsweise kein Spieler einen langen Unterschnittaufschlag gegen einen Angriffsspieler ausführen, wenn er als seinen nächsten Schlag einen Topspinschlag geplant hat.

Solche grundsätzlichen Hinweise können für eine Orientierung eine gewisse Hilfe darstellen. Man darf jedoch dabei nicht vergessen, daß immer wieder Ausnahmen vorkommen und mit ihnen auch Erfolge erzielt werden.

1. Angriffsspieler: Dieser Spielertyp setzt mit Ausnahme des langen Unterschnittaufschlags alle Aufschlagformen in möglichst großer Variationsbreite ein. Sein Ziel ist es ja, durch den eigenen Aufschlag zu einem möglichst zwingenden zweiten Angriffsschlag zu kommen und so den Gegenspieler in Schwierigkeiten zu bringen.

2. Halbdistanzspieler: Dieser Spielertyp kennt keine Einschränkungen bei seinem Aufschlagspiel. Je nach dem Spielsystem des Gegenspielers und der Situation im Spiel können natürlich einige Aufschlagformen überwiegen.

3. Abwehrspieler: Entsprechend dem Grundprinzip des Abwehrspiels, durch Fehler des Gegners zu gewinnen bzw. selbst keine Punkte „aktiv" herauszuspielen, ist auch das Aufschlagspiel von dieser Tendenz bestimmt. Daher setzt dieser Spielertyp zumeist einen Sicherheitsaufschlag in Form des langen Unterschnittaufschlags ein.

Hinweise für den Rückschläger: Es gibt keinen Aufschlag, den man nicht retournieren könnte. Allerdings ist die technische Qualität des Rückschlags auf einen Aufschlag in der Regel schlechter als während eines Ballwechsels. Das ist ein Grund dafür, daß der Aufschläger gegenüber dem Rückschläger im Vorteil ist. Als Faustregel kann man davon ausgehen, daß nach dem Aufschlagspiel ein Punkteverhältnis von 3:2 für den Aufschläger herauskommen muß.

Der Rückschläger muß den Nachteil durch verschiedene Maßnahme auszugleichen versuchen.

1. *Extreme Konzentration gerade beim ersten Rückschlag*
Viele Fehler beim Rückschlag sind auf fehlende Konzentration und auf Leichtsinn zurückzuführen. Der Gegenspieler ist während der gesamten Vorbereitung aufmerksam zu beobachten. Wie bei einer Startsituation muß sich der Rückschläger angespannt auf eine Entscheidung einstellen und den festen Entschluß haben, dem Gegner „den Aufschlag abzunehmen".

2. *Taktisch richtige Form des Rückschlags wählen*
Da man aus der Spielanlage den weiteren Spielzug abschätzen kann, muß man für den Rückschlag mindestens zwei Schlagtechniken und zwei Plazierungsmöglichkeiten vorsehen.

3. *Rückschlagsituationen wiederholt trainieren*
Dies sollte auch unter erschwerten Bedingungen und als Reaktionsübungen geschehen, z.B. Erlaufen des Balles von verschiedenen Positionen aus und Start aus einer Stellung mit dem Rücken zum Tisch.

Aufschläge

Welche Merkmale weist die Technik der verschiedenen Aufschlagformen auf?
Aufschlag ohne Drall:

Der Ball wird seitlich vor (RH) oder seitlich neben (VH) dem Körper getroffen; *das Schlägerblatt* ist leicht geschlossen; *die Stellung* weicht beim RH-Aufschlag nur wenig von der Bereitschaftsstellung ab, die Füße stehen parallel zur Grundlinie. Beim VH-Aufschlag wird eine leichte Schrittstellung eingenommen, so daß der linke Fuß vorne steht. *Die Ausholbewegung* des Schlagarms führt nach hinten oben; der Arm wird im Ellbogengelenk gebeugt; bei der *Schlagbewegung* wird der Arm nach vorn unten geschwungen; der Ball wird vom Schläger frontal getroffen. Das Körpergewicht verlagert sich in Schlagrichtung. Beim RH-Aufschlag wird der Arm fast gestreckt, beim VH-Aufschlag bleibt er abgewinkelt und schwingt verstärkt aus.

Aufschlag mit Vorwärtsdrall (Oberschnitt – Aufschlag)

Der Ball wird seitlich neben (VH) oder direkt vor (RH) dem Körper getroffen; *das Schlägerblatt* ist geschlossen. *Die Ausholbewegung* erfolgt waagerecht nach hinten; der Schläger befindet sich knapp über Tischhöhe. *Die Schlagbewegung* verläuft von hinten nach vorn; sie ist relativ schnell; der Körper schwingt leicht in die Schlagrichtung mit. Beim RH-Aufschlag wird der Arm ganz gestreckt, beim VH-Aufschlag bleibt er abgewinkelt und schwingt bis zur linken Schulter aus.

Aufschläge

Aufschlag mit Rückwärtsdrall (Unterschnitt – Aufschlag)

Der Ball wird vor (RH) oder seitlich (VH) neben dem Körper getroffen. *Das Schlägerblatt* ist geöffnet. *Die Ausholbewegung* geht nach hinten oben bis etwa in Schulterhöhe; die *Schlagbewegung* verläuft von hinten oben nach vorn unten. Der Arm wird dabei in der Ausschwungphase im Ellbogengelenk gestreckt; durch Einsatz des Handgelenks wird der Impuls verstärkt. Nach dem Treffen des Balles schwingt der Arm bis etwa in Höhe des Tisches aus.

Aufschlag mit Seitendrall – Schlägerblatt oben

Der Ball wird seitlich vor dem Kopf mit VH getroffen. *Das Schlägerblatt* ist hochgestellt und senkrecht bis leicht geöffnet. Es wird eine Stellung leicht seitlich zum Tisch eingenommen. Der Spieler begibt sich in eine tiefe Hockstellung, damit der Treffpunkt nicht zu hoch liegt. Bei der *Ausholbewegung* schwingt der Unterarm nach oben seitlich neben den Kopf. *Die Schlagbewegung* besteht in einer Streckung des Arms, d. h., der Unterarm wird nach vorn unten bewegt. Der Ball wird dabei vom Schlägerblatt seitlich getroffen.

Aufschlag mit Seitendrall – Schlägerblatt unten

Der Ball wird seitlich vor dem Körper etwa in Hüfthöhe getroffen. *Die Schlägerblattneigung* ist senkrecht bis leicht geöffnet; *das Schlägerblatt* wird nach unten gestellt. *Die Ausholbewegung* des Schlagarms führt zur Seite bis in Schulterhöhe, bei RH nach links, bei VH nach rechts. *Die Schlagbewegung* bis zum Treffpunkt verläuft mit RH von links nach rechts und mit VH von rechts nach links vor dem Körper parallel zur Grundlinie. Sie wird durch Einsatz des Handgelenks unterstützt.

Aufschläge

Was ist beim Üben der verschiedenen Aufschlagformen zu beachten, und welche Übungsformen haben sich bewährt?

Der Anfänger sollte mit den Aufschlägen ohne Drall und den Aufschlägen mit Rückwärtsdrall beginnen. Hierbei ist der Aufschlag mit RH leichter zu erlernen. Die Aufschläge mit Seitendrall (Sidespin-Aufschläge – aus dem Englischen: „sich schnell seitlich drehen") erfordern sehr viel Kontrolle über die eigene Bewegung, d. h., die Bewegungen müssen gut aufeinander abgestimmt sein. Diese gute zeitliche und räumliche Abstimmung von Teilbewegungen aufeinander bezeichnet man auch als *Feinkoordination*. Die Aufschläge mit Seitendrall werden wegen ihres hohen Schwierigkeitsgrades erst dann systematisch geübt, wenn die anderen Aufschlagformen schon beherrscht werden. Die Übungsformen zu den Aufschlägen mit Seitendrall werden mit hohen Wiederholungszahlen durchgeführt. Etwa 40 bis 50 Aufschläge hintereinander haben sich als sehr übungswirksam erwiesen. Beim Üben der Aufschläge mit Seitendrall ist darauf zu achten, daß das Handgelenk locker bleibt und der Schläger nicht krampfhaft festgehalten wird. Körperlich kleinere Spieler müssen sich bei der Ausführung der Aufschläge mit nach unten gestelltem Schlägerkopf „groß machen", indem sie sich auf die Zehenspitzen stellen.

Vor dem Üben aller Aufschläge sollte man sich den richtigen Bewegungsablauf bewußt machen und sich immer wieder intensiv vorstellen. Dies bezeichnet man auch als *mentales Training*; es kann beim Erlernen von komplizierten Bewegungsabläufen den Lernvorgang erheblich beschleunigen.

Die Aufschläge kann man zu Beginn auch ohne Netz üben. Erst allmählich wird man dazu übergehen, die Vorbereitung zu einem Aufschlag auch unter einem taktischen Gesichtspunkt zu üben. So ist der Überraschungseffekt für den Gegenspieler um so größer, je weniger er „ahnen" kann, wie aufgeschlagen wird. Daher sollte man üben, die Schlägerhand unter dem Tisch zu verstecken.

Übungsformen für den Aufschlag ohne Drall:

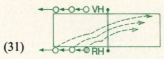
(31)

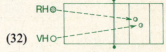
(32)

Der Spieler steht rechts neben der Seitenlinie des Tisches in Netzhöhe und führt Aufschläge mit der RH aus. Nach jeweils 5–10 Versuchen bewegt sich der Spieler schrittweise in Richtung zur eigenen Grundlinie. In entsprechender Weise wird der VH-Aufschlag links vom Tisch geübt.

Von der RH-Seite hinter der Grundlinie werden RH-Aufschläge in die Mittelzone der gegnerischen Tischhälfte plaziert. Aus der VH-Seite entsprechende Aufschläge mit VH ausführen.

Übungsformen für die Aufschläge mit Vorwärts- und Rückwärtsdrall:

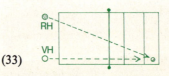
(33)

(34)

1. Serienweise mit RH und VH diagonale und parallele Aufschläge mit Vorwärtsdrall auf die Grundlinienzone des Gegners spielen.
2. Wie 1., jedoch parallel.
Hinweis: Da kürzere Distanz, muß der Ball in der unmittelbaren Nähe der eigenen Grundlinie aufspringen.

Zielfelder treffen (Kreidemarkierungen oder Gegenstände auf den Tisch legen). Alle Plazierungszonen anspielen.
Wettbewerb: Wer plaziert am besten in das „Zwölfer"-Feld des Gegners?

Aufschläge

Welche Fehler können bei den verschiedenen Aufschlägen gemacht werden, und welche Korrekturhinweise kann man geben?

Fehler	Ursache/Folge	Korrekturhinweise
Aufschlag ohne Drall: Bewegung des Schlagarms verläuft zu steil von oben nach unten	Ball springt zu hoch	Arm mehr netzwärts führen, Grundstellung verbessern
Ball springt in der eigenen Netzzone auf	Ball geht über die gegnerische Tischhälfte ins Aus	etwas weiter von der Grundlinie entfernt aufschlagen
Schlechte Grundstellung beim Aufschlag	Ball geht ins Seitenaus	Grundstellung verbessern
Aufschlag mit Vorwärtsdrall: Ball springt erst in der eigenen Netzzone auf	Ball geht über die gegnerische Tischhälfte ins Aus oder ins Netz	Ball bereits im eigenen Grundlinienbereich aufspringen lassen
Schlägerblatt ist zum Zeitpunkt der Treffphase zu sehr geschlossen	Ball geht ins Netz	Schlägerblattstellung korrigieren
Bewegung des Schlagarms ist zu langsam	geringe Geschwindigkeit	Schlagarmbewegung schneller ausführen
Aufschlag mit Rückwärtsdrall: Schlägerblatt steht zu senkrecht	Ball erhält nur geringen Drall	Schläger öffnen
Frontale Stellung bei VH-Aufschlag	Ball geht ins Seitenaus	seitliche Stellung beim Aufschlag
Aufschlag mit Seitendrall – Schlägerblatt oben: Körper steht zu aufrecht	Ball springt zu hoch vom Tisch ab	Hockstellung einnehmen
Bewegung des Schlagarms ist zu langsam	Ball hat zu geringen Seitendrall	Bewegung des Schlagarms schneller ausführen
Aufschlag mit Seitendrall – Schlägerblatt unten: Schlägerblatt ist in der Treffphase nicht senkrecht, sondern geöffnet	Ball geht ins Netz	Schlägerblatt senkrecht stellen
Hand umfaßt den Griff zu fest	Bewegungsablauf ist blockiert, d. h., das Handgelenk ist fixiert	auf lockere, fast gelöste Griffhaltung achten

Schlagtechniken für das Spiel
2. Schlagtechniken für den Ballwechsel

Womit läßt sich eine Einteilung in Angriffs- und Abwehrschlagarten begründen, und welche Ausnahmen sind zu beachten?

Mehrere Schlagformen können aufgrund bewegungsverwandter Strukturen zu Gruppen zusammengefaßt werden. Nimmt man als regierende Aspekte die Struktur der Schlagbewegung und die Spielgestaltung, so ergeben sich zwei Gruppen:

Angriffsschlagarten und Abwehrschlagarten

Die einzelnen Schlagformen innerhalb der beiden Gruppen lassen sich durch den Raum-Zeit-Verlauf der Bewegung, nicht aber durch die Grundstruktur voneinander abgrenzen.

Angriffsschlagarten:	Abwehrschlagarten:
Konterschlag	Schupfschlag
Schmetterschlag	Unterschnittschlag
Treibschlag	Stoppschlag
Topspinschlag	Block
Sidespinschlag	
Ballonschlag	
Flip	
Block	

Kennzeichnende Merkmale der Angriffsschlagarten: Ein gemeinsames Merkmal liegt zum einen in einer Armbewegung, die mehr oder weniger von unten nach oben und von hinten nach vorn gerichtet ist. Es handelt sich im allgemeinen um relativ schnelle Bewegungen. Je weiter der Spieler vom Tisch entfernt ist und je später er den Ball trifft, desto mehr überwiegt eine Armbewegung von unten nach oben, und desto größer ist der Umfang der Bewegung. Je näher der Spieler am Tisch steht und je früher er den Ball trifft, desto mehr wird die Bewegung von hinten nach vorn tendieren, und desto geringer ist der Bewegungsumfang.

Bei all diesen Techniken erhält der Ball einen Vorwärtsdrall (bis auf Block und Sidespin), der dann am größten ist, wenn eine reine Tief-Hoch-Bewegung des Arms bei geschlossenem Schlägerblatt ausgeführt wird.

Neben dem gemeinsamen Grobmuster der Armbewegung läßt sich auch bei der Körperbewegung (Rumpfbewegung) eine Einheitlichkeit feststellen. Der Körper vollzieht bei allen Angriffstechniken eine unterschiedlich ausgeprägte Rumpfrotation.

Kennzeichnende Merkmale der Abwehrschlagarten: Die Bewegung des Schlagarmes verläuft bei all diesen Schlagtechniken immer von hinten oben nach vorn unten. Dabei nimmt die Bewegungsamplitude und die Deutlichkeit der vertikalen Bewegungsrichtung vom Unterschnittschlag bis zum Stoppschlag während aller drei Phasen ab, d. h., je weiter der Spieler vom Tisch entfernt steht, desto länger ist die Schlagbewegung räumlich gesehen und um so mehr verläuft sie von oben nach unten und nähert sich der Senkrechten.

Auch in der Dynamik der Bewegungen sind Gemeinsamkeiten festzustellen. Es handelt sich im allgemeinen um relativ langsame, „weiche" und gleichförmige Bewegungen.

Bei allen Abwehrschlagarten erhält der Ball einen Rückwärtsdrall, da er mit geöffnetem Schlägerblatt unterhalb seines Mittelpunkts getroffen wird. Der Rückwärtsdrall ist dann am größten, wenn die Armbewegung mit einer relativ großen Geschwindigkeit sehr steil von oben nach unten ausgeführt wird. Die Körperbewegungen entsprechen in der Richtung den Armbewegungen, d. h., sie sind durch ein mehr oder weniger ausgeprägtes „In-die-Knie-gehen" charakterisiert. Dabei sollten im Idealfall in der Endphase der Gesamtbewegung die Knie in die Schlagrichtung zeigen.

In diesem Zusammenhang muß darauf hingewiesen werden, daß natürlich nicht jeder Schlag immer technisch „sauber" durchgeführt werden kann. Die Schnelligkeit des Spiels fordert einfach auch das Spielen von Schlagtechniken, die nicht der idealen Technik entsprechen. Entscheidend für die gute Qualität solcher „Notschläge" ist, daß die Aushol-, Treff- und Ausschwungphase des Schlagarmes richtig ist. Dann kann man sehr wohl aus völlig extremen Situationen Schläge durchführen, die auch erfolgreich sind.

Bei einer Einteilung der Schlagtechniken aufgrund der Grundstruktur der Bewegung müssen jedoch zwei Ausnahmen beachtet werden:

Der *Stopp* hat die kennzeichnende Struktur eines Abwehrschlages, wird aber vorwiegend von Angriffsspielern als taktischer Schlag benutzt. Umgekehrt verhält es sich beim *Ballonschlag*. Aus Gründen der Übersichtlichkeit wird der Stoppschlag unter die Abwehrschlagarten, der Ballonschlag unter die Angriffsschlagarten eingeordnet. Der *Block und der Sidespinschlag* haben eine Bewegungsstruktur, die nur grob denen der Angriffsschlagarten entspricht. Da sie aber hauptsächlich im Angriffssystem angewendet werden, sind sie zusammen mit den Angriffsschlagarten erläutert.

Übersicht über die kennzeichnenden Unterschiede von Angriffs- und Abwehrschlagarten:

	Abwehrschlagarten	Angriffsschlagarten
Grundstellung	dynamische, aber nicht zu tiefe Stellung	tiefe, extrem dynamische Stellung
Stellung bei RH-Schlägen	Seitstellung erforderlich, da die Schlagbewegung nach unten ausläuft und nur so Bewegungsfreiheit vorhanden ist	Seitstellung nicht zwingend erforderlich, da Schläge auch aus der Frontalstellung ausgeführt werden können
Bewegung des Körpers	Hoch-Tief-Bewegung während der Schlagbewegung	Tief-Hoch-Bewegung während der Schlagbewegung

Funktion der Schlagtechniken für die Spielgestaltung (Ausnahmen):

Von der Spielgestaltung her gesehen, sind sowohl der Ballonschlag als auch der Block im Angriffs- und im Abwehrsystem einzusetzen.

Der Angriffsspieler nutzt den Ballonschlag, um durch ihn wieder an den Tisch heranzukommen, wenn er zuvor seine tischnahe Position aufgeben mußte. Er hat allerdings aus dieser tischfernen Position auch die Möglichkeit, durch einen Schmetterschlag zu einem Punkterfolg zu kommen. Allgemein gibt der Ballonschlag dem Angriffs- wie dem Abwehrspieler die Chance, das Spiel wieder zu ordnen, da durch die lange Flugdauer des Balles günstige Positionen wieder eingenommen werden können.

Durch den Block variiert der Angriffsspieler den Spielrhythmus. Dabei kann der Block gerade im Angriffssystem in stark abgewandelter Form gespielt werden, nämlich als passiver Block, aktiver Block und Blockstopp. Die Unterschiede zwichen dem aktiven und passiven Block liegen im Tempo und in der Technik. Während beim passiven Block der Schläger nur gegen den Ball gestellt wird, schwingt er beim aktiven deutlich gegen ihn und verleiht ihm mehr Geschwindigkeit. Oftmals ist beim aktiven Block eine Ähnlichkeit zum Konterschlag erkennbar. Beim Blockstopp wird der Schläger leicht zurückgenommen, um so die Wucht des ankommenden Balles zu mindern.

Der Abwehrspieler setzt den Block dann ein, wenn er durch den Angriffsspieler an den Tisch herangezogen wurde und aufgrund von Zeitproblemen sich nicht mehr in seine klassische hintere Abwehrposition zurückziehen konnte. Als taktische Variante kann der Abwehrspieler sowohl den passiven als auch den aktiven Block wirkungsvoll einbauen. Der Blockstopp ist für ihn das letzte Mittel, um einen Schmetterschlag trotz einer tischnahen Position noch abwehren zu können.

Schmetterschlag und Konterschlag

Welche technischen Merkmale weisen der Schmetterschlag und der Konterschlag auf?

Technik des Schmetterschlages:

Der Ball wird möglichst im höchsten Punkt innerhalb der Reichweite des Spielers getroffen. *Der Schläger* wird so gehalten, daß das Schlägerblatt grundsätzlich geschlossen ist. Der Grad der Schlägerblattneigung ist von der Höhe des Treffpunktes abhängig. Je höher der Ball getroffen wird, desto mehr muß das Schlägerblatt geschlossen sein. *Die Ausgangsstellung* ist eine extreme Schrittstellung. *Die Ausholbewegung* ist lang. Der Schlagarm wird weit nach hinten zurückgeschwungen und ist in der Endphase fast ganz gestreckt. Der Körperschwerpunkt verlagert sich bei dieser Bewegung auf das hintere Bein. *Die Schlagphase* ist durch eine enorme Explosivität gekennzeichnet. Der Arm schwingt in einer bogenförmig gekrümmten Bewegungsbahn nach vorn. Im Verlauf dieser Bewegung wird er zunehmend im Ellbogengelenk gebeugt. Da der Ball eine maximale Geschwindigkeit erreichen soll, muß er vom Schläger frontal getroffen werden. In der *Ausschwungphase* wird der Arm bis zur linken Schulter geschwungen. Der Körper wird durch das vordere Bein abgefangen.

Technik des Konterschlages:

Der Ball wird in der aufsteigenden Phase getroffen. *Das Schlägerblatt* ist geschlossen. *Die Ausgangsstellung* ist parallel zur Grundlinie. Will man einen VH-Konterball spielen, so wird eine mehr seitliche Stellung eingenommen, bei der der linke Fuß vorgestellt ist. *Die Ausholbewegung* ist relativ kurz. Beim VH-Konter muß der leicht angewinkelte Schlagarm weit zurückschwingen, bis Schultergürtel und Arm eine Linie bilden. Bei der RH-Technik wird der Arm bis an den Oberkörper zurückgeführt und im Ellbogengelenk gebeugt. Während der *Ausholphase* erfolgt eine Bewegung des Schlagarmes von hinten unten nach vorn oben. *Nach der Treffphase* schwingt der Arm beim VH-Schlag locker bis etwa in Schulterhöhe aus. Er bleibt während des gesamten Bewegungsablaufes angewinkelt (ca. 90° zwischen Ober- und Unterarm). Die RH-Technik weist dagegen eine Streckung des Armes auf.

Worin unterscheiden sich Schmetterschlag und Konterschlag, und warum stellen beide Schlagtechniken den Spieler vor hohe Anforderungen?

Im Vergleich zum Konterschlag weist der Schmetterschlag eine enorme Dynamik, einen größeren Bewegungsumfang (Bewegungsamplitude), eine wesentlich kraftvollere, schnellere und längere Bewegung des Schlagarmes und eine explosive, sprungartige Verlagerung des Körperschwerpunktes in die Schlagrichtung auf.

Da der menschliche Bewegungsapparat in der typischen RH-Stellung keine so große Ausholbewegung des Schlagarmes zuläßt wie in der VH-Stellung, sollte auch nur aus der VH-Stellung geschmettert werden. Nur so erhält der Ball die enorme Geschwindigkeit von 170 km pro Stunde.

Der maximale Krafteinsatz beim Schmetterschlag erfordert vom Spieler eine exakte *Koordination der Teilbewegungen*. Darunter versteht man die Abstimmung von Bewegungen aufeinander hinsichtlich Raum, Zeit und Krafteinsatz. Wenn etwa Beinstreckung und Armschwung nicht optimal aufeinander abgestimmt sind, so ist der auf den Ball übertragene Kraftimpuls erheblich geringer. Bei dieser schnellkräftigen, explosiven Bewegung ist die Genauigkeit der Bewegungsausführung und die damit verbundene Ballkontrolle eine weitere Schwierigkeit. Schon ganz geringe Abweichungen vom idealen Bewegungsablauf und von der richtigen Stellung zum Ball können ein Verschlagen des Balles zur Folge haben. Ein Konterschlag wird als RH-Konter und VH-Konter ausgeführt.

Beim Konterschlag befindet sich der Spieler nah am Tisch. Er hat somit zur Ausführung des Schlages wenig Zeit. Die Hauptschwierigkeit liegt daher nicht in der Bewegungsausführung, sondern darin, daß der Spieler wenig Zeit hat, um sich auf den einfliegenden Ball einzustellen. Häufig sind die Ballwechsel beim Kontern so schnell, daß dabei die Reaktionszeit des Spielers unterschritten wird. Daß trotz dieser Tatsache ein genauer Schlag möglich ist, liegt am *Antizipationsvermögen*. Antizipieren bedeutet, daß man ein Geschehen gedanklich vorwegnimmt und handelt, bevor noch der eigentliche auslösende Reiz erfolgt (vgl. S. 21).

Wie kann man den Schmetterschlag und den Konterschlag lernen und üben?

Übungsformen für den Schmetterschlag:
1. Ein Spieler läßt den Ball auf den Grundlinienbereich des Tisches fallen und schlägt ihn im höchsten Punkt.
2. Vom Partner zugeworfene Bälle werden diagonal geschmettert (desgl. parallel).
3. Abwechselnd diagonal/parallel schmettern.
4. Der Partner wirft die Bälle unregelmäßig, d. h. auf verschiedene Stellen der Spielfläche zu.
5. Der Partner serviert Ballonbälle.
6. Schmettern aus der Spielsituation:
Beispiel: Aufschlag – Return Unterschnittschlag
Treibschlag – Return Ballonschlag
Schmetterschlag

Übungsformen für den Konterschlag:
1. Ohne Schläger: der Ball wird mit der Handfläche, die den Schläger ersetzt, von der Seitenlinie einer Tischhälfte aus dem Partner zugerollt. Das Handgelenk ist in Verlängerung des Unterarms fixiert, der Arm führt die korrekte Bewegung der Kontertechnik aus. Beim „VH-Spiel" wird der Ball mit dem Handteller, bei „RH" mit dem Handrücken gespielt.
2. Ein Partner läßt den Ball aus ca. 20 cm Höhe auf den Tisch im Grundlinienbereich fallen, der Spieler schlägt ihn mit VH übers Netz in die gegnerische Tischhälfte (desgl. mit RH).
3. Vom Partner zugeworfene Bälle werden mit VH-Konterschlag diagonal retourniert (desgl. mit RH).
4. Wie 3., nur parallel und danach VH und RH abwechselnd.
5. Beide Partner „kontern" sich den Ball mit VH diagonal zu.
6. RH und VH abwechselnd kontern.

Schmetterschlag und Konterschlag

Welche Fehler kann man beim Schmetterschlag und beim Konterschlag beobachten, und welche Korrekturhinweise kann man geben?

Fehler	Ursache/Folge	Korrektur
Schmetterschlag: Spieler steht in der Ausgangsstellung frontal	Ball geht ins Seitenaus	Unbedingt Seitstellung zu Tisch und Ball einnehmen
Schlagarm ist zu dicht am Körper	Fehlerhafte Ausführung der Armbewegung	Hinweis: Arm (auch Oberarm) weg vom Körper
Ausholbewegung zu kurz oder zu langsam	Ball erreicht keine maximale Geschwindigkeit	Armbewegung extrem raumgreifend und maximal schnell ausführen
Ball wird in der absteigenden Phase getroffen	Ball geht ins Netz	Ball im höchsten erreichbaren Punkt spielen
Bewegung des Schlagarmes zu waagerecht und Schlägerblatt zu sehr geschlossen	Ball geht ins Netz	Schlägerblatt stärker öffnen, Armbewegung in der Treffphase führt von hinten unten nach vorn oben
Konterschlag: Bewegung des Schlagarmes verläuft zu waagerecht	Ball geht ins Netz	Schlagarm muß leicht aufwärts vorwärts schwingen
In der Treffphase ist der Arm gestreckt	Fehlende Kontrolle über den Schlag	Ball dichter am Körper schlagen
Beim VH-Konter ist die Stellung frontal	Ball geht ins Seitenaus	Auf seitliche Stellung beim VH-Konter achten
Ball wird in der absteigenden Phase getroffen	Ball geht ins Netz	Näher an den ankommenden Ball herangehen und in der aufsteigenden Phase treffen
Schlägerblatt ist senkrecht bis leicht geöffnet	Ball geht über die gegnerische Grundlinie	Schlägerblatt ist grundsätzlich halb geschlossen bis geschlossen

Treibschlag und Topspinschlag

Welche technischen Merkmale weisen der Treibschlag und der späte Topspinschlag auf?

Technik des Treibschlages:

Der Ball wird relativ spät in der absteigenden Phase seitlich neben (VH) oder vor (RH) dem Körper getroffen. *Die Ausgangsstellung* ist wie beim Konterschlag. Während der *Ausholbewegung* schwingt der Arm nach hinten unten bis etwa in Kniehöhe zurück. Bei der VH-Technik ist der Armschwung mit einer gleichzeitigen Körperdrehung verbunden. Die Knie werden gebeugt, und das Körpergewicht wird auf das hintere Bein verlagert. Der Arm ist am Ende der Ausholphase fast ganz gestreckt. *Die Schlagbewegung* verläuft von hinten unten nach vorn oben. Die Beine werden hierbei gestreckt, und der Oberkörper wird in die Schlagrichtung gedreht. Nach dem Treffen des Balles schwingt der Arm beim VH-Treibball vor den Kopf bis etwa in Augenhöhe aus. Mit RH wird er netzwärts vor die rechte Schulter geschwungen. Während der gesamten Schlagbewegung ist das Schlägerblatt senkrecht bis halb geschlossen.

Technik des späten Topspinschlages:

Der Ball wird seitlich vor (RH) oder neben (VH) dem Körper in der absteigenden Phase getroffen. *Die Schlägerblattstellung* ist während der gesamten Bewegung senkrecht bis geschlossen. *Die Ausgangsstellung* bei VH ist extrem seitlich. Beim RH-Topspin wird eine nicht ganz so extreme seitliche Stellung eingenommen; der Körper steht mehr schräg zum Tisch. *Die Ausholbewegung* ist sehr lang. Der Schlagarm wird weit nach hinten unten zurückgeschwungen, so daß die Schlagbewegung unter Kniehöhe ansetzt. Der Arm ist in der Endphase der Ausholbewegung fast ganz gestreckt. *Die Schlagbewegung* verläuft von hinten unten nach vorn oben; die vertikale Bewegungsrichtung überwiegt deutlich. Dabei wird der Armschwung durch eine schnellkräftige Körperstreckung unterstützt. Der Körperschwerpunkt verlagert sich während der Bewegung nach vorn. In der Ausschwungphase wird der Arm bei der VH-Technik bis zur Stirn geschwungen, wobei er im Ellbogengelenk gebeugt wird. Bei der RH-Technik schwingt der Arm netzwärts bis in Kopfhöhe aus.

Treibschlag und Topspinschlag

Wie können der Treibschlag und der Topspinschlag am schnellsten und sichersten erlernt werden?

Übungsformen für den Treibschlag: Beim Erlernen beginnt man mit dem Bewegungsablauf auf der VH-Seite, weil die Bewegung des Schlagarmes beim Treibball ziemlich lang ist und die Ausholbewegung wegen der größeren Beweglichkeit auf dieser Seite (vgl. Schmetterball S. 30) mit VH leichter ausgeführt werden kann. Alle Übungen werden später mit RH bzw. im Wechsel von VH und RH gespielt.

1. Der Spieler steht links neben einer Tischecke, läßt den Ball auf den Tisch in Höhe der Grundlinie fallen und „treibt" ihn langsam übers Netz. Der Partner fängt den Ball auf und verfährt in der gleichen Weise.

(35)

2. Zugeworfene Bälle des Partners werden diagonal als Treibschlag zurückgespielt (desgl. nur parallel).
3. Wie Übung 2., nur wird abwechselnd diagonal und parallel geschlagen.
4. Ein zugespielter Schupfball wird als VH-Treibball diagonal zurückgespielt (desgl. nur parallel).

Übungsformen für den Topspinschlag: Die Übungsformen eignen sich sowohl für den späten wie für den frühen Topspinschlag. Es sollte immer mit dem Erlernen des späten Topspinschlages und der VH-Seite begonnen werden. Bei den Übungen ohne Tisch ist vor allem darauf zu achten, daß der Ball einen starken Vorwärtsdrall erfährt. Dieser ist daran zu erkennen, daß der Ball beim Auftreffen schnell nach vorne wegspringt.

In der Praxis hat sich folgende Übungsreihe bewährt:

1. Der Übende steht ca. 0,5 m seitlich vor einer Wand, läßt den Ball auf den Boden fallen und spielt ihn dann steil hoch

(36)

2. Partnerform auf dem Fußboden: Einer spielt zu, der andere übt Topspin (als Hindernis können Bank oder Zauberschnur dienen)

(37)

3. Der Übende „hockt" oder kniet hinter der Grundlinie und spielt Bälle auf die andere Tischhälfte. **Wichtig:** Tisch ohne Netz. – Ein Spieler kann das Retournieren des Topspinschlages üben

(38)

4. Zugeworfene Bälle werden mit Topspin geschlagen. **Wichtig:** Einsatz eines Balldepots (Kiste/Eimer), um hohe Wiederholungszahlen zu erreichen. – Jetzt schon Tisch mit Netz verwenden

(39)

5. Unterschnittaufschläge mit Topspin retournieren
6. Übungsformen: 1 Spieler Ballonschlag – 1 Spieler Topspin
7. Übungsformen: beide Spieler Topspin
8. Topspin aus der Spielsituation.

Was haben Treibschlag und Topspinschlag gemeinsam, und worin bestehen die Unterschiede?

Die Technik des Treibschlages leitet hinsichtlich der Bewegungsstruktur von den hauptsächlich nach vorne ausgerichteten Bewegungen (Konter- und Schmetterschlag) zu den vorwiegend vertikalen Bewegungen (Topspin- und Ballonschlag) über. Der Bewegungsablauf ist dadurch bestimmt, daß ein Teil des Krafteinsatzes dazu genutzt wird, dem Ball einen verstärkten Vorwärtsdrall mitzugeben. Der Ball darf dazu nicht frontal getroffen, sondern muß „angerissen" bzw. „angezogen" werden. Mehr noch als beim Treibschlag wird beim Topspinschlag versucht, dem Ball einen maximalen Vorwärtsdrall zu geben. Dies drückt schon die Bezeichnung aus (engl. to spin = wirbeln, trudeln).

Gegenüber dem Treibschlag zeichnet sich der Topspinschlag durch einen wesentlich größeren Bewegungsumfang und eine maximale Bewegungsgeschwindigkeit aus. Die Translationsgeschwindigkeit des Balles wird zugunsten der Rotationsgeschwindigkeit verringert.

Ein wesentlicher Unterschied zwischen Treibschlag und Topspinschlag besteht auch noch in der Schlägerstellung zum Zeitpunkt, wenn der Ball getroffen wird. Der Schläger wird bei Topspinschlag immer sehr deutlich entgegengesetzt zur Flugbahn des ankommenden Balles geschwungen. Dadurch erhält der Ball auch diesen enormen Drall. Bei sehr guten Topspinspielern dreht sich dabei der Ball bis maximal 150x pro Sekunde um seine Achse. Hohe Geschwindigkeiten erreicht der Ball jedoch beim Topspinschlag nicht.

Der Treibschlag wird häufig zur Vorbereitung eines Schmetterschlages angewandt. Mit Topspinschlägen kann man selbst angreifen und auch die meisten Bälle gefährlich retournieren. Vor allem beim späten Topspinschlag erfordert die Ganzkörperbewegung mit der intensiven Streckung aus der tiefen Hocke sehr viel Kraft und Bewegungsgefühl.

Welche beiden Formen des Topspinschlages kann man unterscheiden?

Ein Topspinschlag kann in jeder Phase der Flugbahn des ankommenden Balles gespielt werden. In der Praxis unterscheidet man dennoch zwischen zwei Formen:

später Topspinschlag
früher Topspinschlag

Der wesentliche Unterschied zwischen beiden Formen liegt in der Treffphase. Während beim späten Topspin der Ball in der absteigenden Phase getroffen wird, wird er beim frühen Topspin im höchsten Punkt gespielt. Dadurch verändert sich auch die Technik. Gemeinsam ist allen Topspinschlägen, daß sie mit lockerem Handgelenk gespielt werden. Der Handgelenkeinsatz soll dem Ball einen zusätzlichen Drall geben.

Der frühe Topspinschlag kann auch als eine Mischform zwischen dem Schmetterschlag und dem späten Topspinschlag angesehen werden. Der Spieler versucht hierbei dem Ball neben einer relativ hohen Geschwindigkeit gleichzeitig einen extremen Drall zu geben. Dies läßt sich verwirklichen, wenn:
– der Ball etwa im höchsten Punkt getroffen wird
– die Schlagbewegung mehr nach vorn gerichtet ist.

Hinweis: Es ist falsch, wenn das Erlernen des Topspinschlages als „schwer" dargestellt wird. Dieser Schlag kann auch schon mit Anfängern geübt werden.

Übersicht über die Unterschiede und Gemeinsamkeiten:

Unterschieds-merkmale	Später Topspinschlag	Früher Topspinschlag
1. Ausgangsstellung	kein Unterschied	
2. Ausholphase	kein Unterschied	
3. Treffphase	absteigende Phase kopfwärts	höchster Punkt netzwärts
4. Ausschwungphase		
5. Schlagbewegung	hinten-unten nach vorn-oben	hinten-unten nach vorn-waagerecht

Treibschlag und Topspinschlag

Welche Fehler kann man beim Treibschlag und Topspinschlag häufig beobachten, und welche Korrekturhinweise kann man geben?

Fehler	Ursache/Folge	Korrektur
Treibschlag: Der Armzug ist zu kurz und wird zu schnell ausgeführt	Ball geht ins Netz	Armzug lang, weiträumig und nicht zu schnell ausführen
Der Arm ist während der gesamten Bewegung gestreckt	Fehlende Kontrolle über die Bewegung	Während der Aushol- und Treffphase den Arm anwinkeln
„Timing" des Armzuges ist unregelmäßig	Der Treffpunkt ist nicht optimal	Beschleunigung während des Armzuges kontinuierlich gestalten
Topspinschlag: Es wird keine seitliche Stellung eingenommen	Ball geht ins Seitenaus	Extreme Seitstellung einnehmen
Die Ausholbewegung ist zu kurz	Ball geht ins Netz	Ausholbewegung weiträumig und schnell ausführen
Spieler fällt während der Schlagbewegung ins Hohlkreuz	Ball kommt nicht über das Netz	Körper muß sich in die Schlagrichtung bewegen
Schlägerblatt ist zu stark geschlossen (nur bei spätem Topspinschlag)	Ball geht ins Netz	Schlägerblatt mehr öffnen
Schlägerblatt steht fast senkrecht (nur bei frühem Topspinschlag)	Ball geht über die Grundlinie	Schlägerblatt mehr schließen

Sidespinschlag und Ballonschlag

Welche technischen Merkmale weisen der Sidespinschlag und der Ballonschlag auf?

Technik des Sidespinschlages:

Dieser Schlag wird ausschließlich mit VH gespielt! *Der Ball* wird in der absteigenden Phase seitlich vor oder neben dem Körper getroffen. *Die Schlägerblattstellung* ist leicht geschlossen. *Das Schlägerblatt* zeigt nach unten. *Die Ausgangsstellung* ist seitlich zur Grundlinie. *Während der Ausholphase* wird der Schlagarm nach hinten unten bis knapp über Kniehöhe zurückgeschwungen. *Die Schlagbewegung* verläuft bogenförmig von hinten unten nach vorn oben. *In der Ausschwungphase* wird der Schlagarm vom Körper weg nach vorn oben geführt.

Technik des Ballonschlages:

Der Ball wird sehr spät in der absteigenden Phase seitlich vor dem Körper getroffen. *Das Schlägerblatt* kann sowohl geöffnet als auch geschlossen sein. *Die Ausgangsstellung* ist bei VH extrem seitlich und bei RH frontal zur Grundlinie. *Während der Ausholphase* schwingt der Arm bis etwa in Kniehöhe nach hinten unten aus. *Die Schlagbewegung* verläuft von hinten unten nach vorn oben. Dabei dominiert jedoch eine vertikale Bewegungsrichtung. Der Körper vollzieht gleichzeitig mit dem Armschwung eine Tief-Hoch-Bewegung. *In der Ausschwungphase* schwingt der Arm hoch über dem Kopf aus. Der Körper richtet sich ganz auf.

Sidespinschlag und Ballonschlag

Mit welchen speziellen Übungsformen kann man den Sidespinschlag und den Ballonschlag erlernen?

Übungsformen für den Sidespinschlag: Die Übungsformen für den Topspinschlag können teilweise abgewandelt und so für das Üben des Sidespinschlages verwendet werden. Bei den speziellen Übungen ist es sinnvoll, die Gesamtbewegung erst einmal isoliert ohne Ball und Tisch zu üben.

1. Der Ball wird im Grundlinienbereich auf den Tisch fallen gelassen und auf die gegnerische Tischhälfte gespielt. Diese Übung kann auch zuerst einmal ohne Tisch auf dem Boden durchgeführt werden.

2. Der Ball wird von einem Partner so zugeworfen, daß er über die Seitenlinie hinausspringt. Der Spieler läuft aus der Bereitschaftsstellung um die Tischecke herum und retourniert die Bälle als Sidespinschlag.

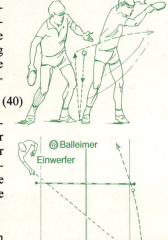

Diese Übungsform kann auch in der Weise durchgeführt werden, daß die Bälle vom Partner als Unterschnittbälle serviert werden.

Übungsformen für den Ballonschlag: Da der entscheidende Fehler beim Ballonschlag zumeist in einem viel zu statischen Bewegungsverhalten besteht, sollte bei der Durchführung der Übungsformen auf eine ausgeprägte Hoch-Tief- bzw. Tief-Hoch-Bewegung geachtet werden. Alle Übungen werden zuerst mit VH, später dann mit RH durchgeführt.

1. Der Übende befindet sich in einem Abstand von 2–3 m vom Tisch. Er läßt den Ball aus Augenhöhe auf den Boden fallen und spielt ihn hoch über das Netz auf die gegnerische Tischhälfte (Ball wird indirekt gespielt).

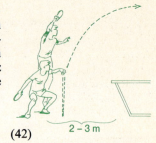

2. Diese Übungsform ist eine Variation der Übungsform 1. Man wirft den Ball wie beim Aufschlag hoch und spielt ihn übers Netz auf die gegnerische Tischhälfte (direktes Spielen des Balles).

3. Der Spieler sitzt auf einem Kastenteil. Der Partner wirft aus 2–3 m Entfernung ihm die Bälle zu. Der Spieler spielt einen Ballonschlag, indem er sich vom Kastenteil erhebt.

4. Vom Partner zugeworfene Bälle werden mit Ballonschlag retourniert.
5. Der Partner spielt Treibschläge zu, die als Ballonschlag retourniert werden.
6. Der Partner spielt Schmetterschläge zu, die als Ballonschläge retourniert werden.

Bei allen Übungsformen können die Anforderungen dann, wenn die Technik beherrscht wird, dadurch gesteigert werden, daß im Grundlinienbereich der gegnerischen Tischhälfte Zielfelder markiert werden, die es zu treffen gilt.

Sidespinschlag und Ballonschlag

Welche Fehler können beim Sidespinschlag und beim Ballonschlag verhältnismäßig häufig beobachtet werden, und wie kann man sie korrigieren?

Fehler	Ursache/Folge	Korrektur
Sidespinschlag: Die Ausholbewegung ist zu kurz. Der Armschwung ist zu langsam	Ball geht ins Netz	Die Ausholbewegung muß weit und schnell ausgeführt werden
Die Schlagbewegung verläuft nicht bogenförmig	Ball hat keinen Seitendrall	Schlagbewegung bogenförmig von hinten unten nach vorn oben ausführen
Bewegungsablauf ist grundsätzlich falsch	Ball wird meistens nicht getroffen	Übungsform 1 mit hohen Wiederholungszahlen durchführen
Ballonschlag: Die Fußstellung ist zu eng	Der Spieler hat eine schlechte Kontrolle über seinen Körper (Gleichgewicht)	Immer eine weite Fußstellung einnehmen
Die tiefe Hockstellung wird nicht eingenommen. Beine bleiben im Kniegelenk gestreckt	Bälle kommen zu kurz	Auf eine extreme Hoch-Tief-Bewegung achten
Armzug ist zu langsam und wird unrhythmisch ausgeführt	Bälle kommen nicht auf die Grundlinie	Armzug gleichmäßig und weiträumig ausführen

Sidespinschlag und Ballonschlag

Was macht das Spielen des Sidespinschlages technisch so schwierig, und worin liegt seine besondere Wirkung?

Aufgrund der recht komplizierten Bewegung, der erforderlichen Koordination von Armschwung, Beineinsatz und Körperdrehung ist die Ballkontrolle beim Sidespinschlag sehr schwierig. Sie ist nur bei einer sehr guten Technik gewährleistet. Dadurch, daß der Ball nur seitlich angerissen werden darf, ist die Treffgenauigkeit herabgesetzt. Die Bewegungsrichtung muß genau abgestimmt sein, da ein seitlich rotierender Ball eine gekrümmte Flugbahn besitzt und daher leicht ins Seitenaus gespielt werden kann.

(44) Flugverhalten bei Schlägen mit Vorwärtsdrall (45) Flugverhalten bei Schlägen mit Seitendrall

Durch die Sidespintechnik versucht der Spieler dem Ball einen Drall um seine Vertikalachse (Seitenrotation) zu geben. Wie beim Topspin- und Treibschlag resultiert die Bewegung des Balles aus zwei Teilimpulsen: dem Rotations- und dem Translationsimpuls. Deshalb wird der Ball nicht nur frontal getroffen, sondern seitlich tangiert, d. h. angerissen. Der Sidespinschlag ist der einzige Schlag, bei dem sich der Ball um eine vertikale Achse dreht. Allerdings stellen die meisten Schläge eine Kombination aus Topspin- und Sidespinschlag dar. Deshalb erfolgt die Drehung zumeist auch um eine schräge Achse.

Der Sidespinschlag sollte erst im Fortgeschrittenenstadium erlernt werden. Hier und überhaupt bei Leistungssportlern gewinnt er an Bedeutung, weil durch ihn der Gegner zu einem Rhythmuswechsel gezwungen wird. Der Ball ist sehr schwer zu berechnen und zu retournieren.

Wann wird der Ballonschlag taktisch richtig gespielt, und worauf ist dabei besonders zu achten?

Der Ballonschlag muß, wenn man als Kriterium für eine systematische Einteilung der Schläge die Bewegungsstruktur benutzt, den Angriffsschlagarten zugeordnet werden. Jedoch wird dieser Schlag auch von Spielern häufig angewendet, die das Halbdistanz- oder Abwehrsystem für ihre Spielgestaltung wählen, zumal der Schlag in der Regel dazu dient, einen Schmetterschlag abzuwehren. Der mit viel Vorwärtsdrall gespielte Ballonschlag kann aber auch als eine Art Gegenangriff auf den Schmetterschlag angesehen werden. Daher kommt dieser Technik eine Sonderstellung ähnlich dem Blockball zu. Bei der Technik mit geschlossenem Schlägerblatt sind ein verstärkter Armzug und eine schnelle Rumpfrotation erforderlich, damit der Ball zum Zweck des Angriffs einen starken Vorwärtsdrall erhält.

Mit geöffnetem Schlägerblatt kann der Ball höher und weiter gespielt werden, erhält jedoch nur einen geringen Vorwärtsdrall.

Der Ballonball wird aus einer Position gespielt, die verhältnismäßig weit hinter der Grundlinie liegt. Daher ist die Bewegung durch einen großen Bewegungsumfang gekennzeichnet (großer Hub = deutliche Tief-Hoch-Bewegung).

(46) Ballonschlag RH Grundstellung und Ausschwungphase

Der Ball wird bewußt in einer möglichst hohen Flugbahn weit in den Grundlinienbereich des Gegners gespielt, um Zeit zu gewinnen, eine günstige Ausgangsposition zu erreichen und dem Rückschläger nicht die Chance zu einem harten Schmetterschlag zu geben.

Flip und Block

Welche technischen Merkmale weisen die beiden Schlagformen Flip und Block auf?

Technik des Flip:

Der Ball wird im höchsten Punkt etwas seitlich vor (VH) oder direkt vor (RH) dem Körper getroffen. *Das Schlägerblatt* steht beim Treffen des Balles etwa senkrecht. *Die Ausgangsstellung* wird durch einen Auftaktschritt zur Grundlinie hin eingenommen. Beim RH-Schlag wird grundsätzlich der rechte Fuß nach vorn gestellt. Bei der VH-Technik kann sowohl der linke als auch der rechte Fuß vorgestellt werden. Das rechte, „falsche" Bein wird immer dann nach vorn gebracht, wenn sehr kurz kommende Bälle zu spielen sind, da man so eine größere Reichweite hat, indem man den Arm näher ans Netz führen kann. *Eine Ausholbewegung* im eigentlichen Sinne ist nicht vorhanden. Der Schläger wird lediglich zum Ball geführt. *Die Schlagbewegung* ist schnell und ruckartig. Dabei wird der leicht abgewinkelte Arm nach vorn geführt, der Unterarm vollführt einen kurzen Kippschwung nach oben, der durch eine lockere Handgelenkbewegung verstärkt wird. Das Körpergewicht wird dabei explosiv auf das vordere Bein verlagert. *Die Ausschwungbewegung* ist kurz bzw. unbedeutend.

Technik des Blocks:

Der Ball wird seitlich vor (VH) oder direkt vor (RH) dem Körper unmittelbar nach dem Aufspringen in der aufsteigenden Phase getroffen. *Die Ausgangsstellung* weicht wenig von der Bereitschaftsstellung ab. Der Spieler steht sehr nah am Tisch. Bei RH ist die Fußstellung parallel zur Grundlinie, beim VH-Block ist der linke Fuß ein wenig nach vorn gestellt. *Das Schlägerblatt* wird je nach der Stärke des Vorwärtsdralles, den der ankommende Ball hat, geschlossen. Je größer die Ballrotation ist, desto mehr muß das Schlägerblatt geschlossen werden. Es wird bei RH seitlich in Verlängerung des Unterarmes gehalten. Beim VH-Block ist die Schlägerblattstellung vom Treffpunkt des Balles abhängig. Je näher der Ball am Körper getroffen wird, desto höher wird das Schlägerblatt gehalten. *Eine Ausholbewegung* ist nicht erkennbar. Je nach der Geschwindigkeit des ankommenden Balles findet gar keine (passiver Block) oder nur eine minimale (aktiver Block) *Schlägerbewegung* statt. Das Körpergewicht wird nicht verlagert. Es ruht beim RH-Block auf beiden Fußballen, beim VH-Block auf dem vorderen Fuß.

Flip und Block

Wann werden Flip und Block gespielt?

Den *Flip* kann man zu den sogenannten Angriffsschlagarten zählen. Da der Ball sehr kurz hinter das Netz plaziert wird, muß er über dem Tisch angenommen werden. Daher kann der Spieler keine eigentliche Ausholbewegung ausführen. Der Ball wird durch eine kurze und schnelle Bewegung des Handgelenks über das Netz „dirigiert". Zur Vorbereitung des Flip muß der Spieler schnell aus einer zumeist entfernteren Position in Richtung auf das Netz starten, damit er aus der Netzzone heraus einen Angriff starten und durch einen plazierten Schlag den Gegner weiter vom Tisch zurückzwingt. Der *Block* ist aufgrund der Bewegungsmerkmale den sogenannten Angriffsschlagarten zuzuordnen. Da aber alle Angriffsschlagarten durch einen Block erwidert werden können, kann man ihn unter diesem Gesichtspunkt auch den sogenannten Verteidigungs- oder Abwehrschlagarten zurechnen. Er wird in allen Spielsystemen benutzt. Angriffs- oder Halbdistanzspieler spielen den Block, um einen Angriffsschlag nah am Tisch retournieren zu können. Ein Abwehrspieler benutzt ihn, wenn er keine Chance mehr sieht, in den Abwehrraum weit hinter der Grundlinie zu kommen.

Durch den Block können selbst härteste Schmetterschläge aus kürzester Entfernung noch erfolgreich abgewehrt werden. Das verlangt aber viel Übersicht, Ruhe und vor allem keine Angst vor dem Ball. Dieser kann niemanden verletzen; er ist viel zu leicht.

Wichtig ist auch, daß man in jedem Fall eine Verkrampfung vermeidet und den Schläger beim Blocken gefühlvoll und locker anfaßt.

In diesem Zusammenhang wird auf die auf Seite 29 beschriebenen drei Blockformen verwiesen. Diese werden aus taktischen Gründen speziell im Leistungssportbereich sehr oft angewendet.

Mit welchen Übungsformen können Flip und Block geschult werden?

Übungsformen für den Flip:
1. Der Partner serviert kurze Unterschnittaufschläge, die mit VH-Flipball retourniert werden. Richtung: diagonal.
2. Wie 1., nur befindet sich der Übende hinter einer Markierungslinie ca. 2 m von der Grundlinie entfernt. Er muß blitzschnell an den Tisch heranspringen und aus dieser Auftaktbewegung heraus flippen.
3. Wie 1. und 2., mit RH.
4. Der Partner serviert Aufschläge unregelmäßig in die RH- und VH-Seite. Der Übende spielt VH- und RH-Flip diagonal.
5. Die Übungen 1–4 werden absolviert, wobei die Schlagrichtung parallel ist.

Hinweis: Alle Übungen serienweise üben und außerdem die Bälle möglichst in den Grundlinienbereich plazieren.

Übungsformen für den Block:
1. Zugeworfene Bälle mit RH in die Tischmitte des Partners blocken (danach VH).
2. Der Partner spielt abwechselnd Bälle in die RH- und VH-Seite des Übenden, der sie mit RH bzw. VH blockt.
3. Der Partner serviert Treibschläge, die mit RH diagonal zurückgeblockt werden (danach VH).
4. Der Partner serviert VH-Treibbälle abwechselnd in die RH- und VH-Seite, der Übende blockt sie in die VH-Seite zurück.
5. Wechsel von Konter- und Blockball.
6. 1 Spieler wirft ein, 1 Spieler schmettert, 1 Spieler blockt

(47)
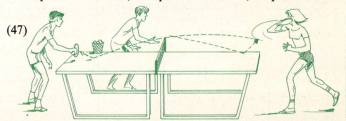

Welche Fehler können beim Flip und beim Block beobachtet werden, und wie kann man sie korrigieren?

Fehler	Ursache/Folge	Korrektur
Flip: Ball wird erst in der absteigenden Phase getroffen	Ball geht ins Netz	Ball im höchsten Punkt spielen
Schlägerblatt ist in der Treffphase geöffnet	Ball geht über die Grundlinie	Schlägerblatt senkrecht stellen
Der Einsatz des Handgelenks und/oder die Kippbewegung fehlen	Keine Kontrolle über den Ball	Handgelenk deutlich einsetzen, starke Kippbewegung des Unterarms
Kippbewegung wird zu langsam ausgeführt	Ball geht ins Netz oder wird zu kurz retourniert	Kippbewegung schnell ausführen
Block: Das Schlägerblatt ist geöffnet	Ball geht über die Grundlinie	Schlägerblatt senkrecht stellen
Oberkörper befindet sich in Rücklage	Das Schlägerblatt ist geöffnet; Ball geht über die Grundlinie	Stabile Stellung mit Oberkörpervorlage einnehmen
Schlagarm bewegt sich schnell nach vorn	Ball geht über die Grundlinie	Keine bzw. nur minimale Bewegung des Schlagarms ausführen

Schupfschlag und Unterschnittschlag

Welche technischen Merkmale weisen der Schupfschlag und der Unterschnittschlag auf?

Technik des Schupfschlages:

Der Ball wird im höchsten Punkt vor (RH) oder seitlich neben (VH) dem Körper getroffen. *Das Schlägerblatt* ist geöffnet. *Die Ausgangsstellung* wird eingenommen, indem der rechte (RH) bzw. der linke (VH) Fuß nach vorn gestellt wird. Der Oberkörper ist nach vorn geneigt, und die Knie sind gebeugt. Bei RH ist auch eine Frontalstellung möglich. *Während der Ausholphase* wird der Schlagarm nach hinten zurückgeführt und im Ellbogengelenk gebeugt. *Die Schlagbewegung* verläuft in einer Ebene, die nahezu parallel zum Tisch liegt, von hinten nach vorn. Bei der RH-Technik wird dabei nur der Unterarm nach vorn gebracht, bei der VH-Technik schwingt auch die rechte Schulter mit nach vorn. Dabei verlagert sich das Körpergewicht auf das tischnahe Bein. *In der Ausschwungphase* schwingt der Arm in Richtung auf das Netz hin aus.

Technik des Unterschnittschlages:

Der Ball wird in der absteigenden Phase seitlich neben dem Körper etwa in Hüfthöhe getroffen. *Das Schlägerblatt* ist halb geöffnet. *Die Ausgangsstellung* ist durch eine etwas aufrechtere Oberkörperhaltung als bei den sogenannten Angriffsschlagarten gekennzeichnet. Bei VH wird der linke Fuß nach vorne bzw. der rechte nach hinten gestellt, bei RH genau umgekehrt. Die Füße stehen etwa schulterbreit auseinander. *Während der Ausholphase* wird der Schlagarm nach hinten oben geführt, so daß er sich im Endpunkt etwa in Schulterhöhe befindet. Der Arm ist bei VH und RH im Ellbogengelenk gebeugt. Gleichzeitig mit der Ausholbewegung wird der Körperschwerpunkt auf das hintere Bein verlagert. *Die Schlagbewegung* verläuft von hinten oben nach vorn unten. Der Arm wird dabei gestreckt. Der Körper führt eine Hoch-Tief-Bewegung in Schlagrichtung aus, so daß der Körperschwerpunkt auf das vordere Bein verlagert wird. *In der Ausschwungphase* wird der Arm weiter nach vorn unten geführt, bis er fast gestreckt ist. Der Schwung des Körpers wird mit dem tischnahen Bein abgefangen.

Mit welchen Übungsformen kann man sowohl den Schupfschlag als auch den Unterschnittschlag erlernen und verbessern?

Die folgenden Übungsformen können allein oder mit Partner sowie auf dem Boden oder auf dem Tisch durchgeführt werden. Eine Übungserleichterung besteht bei Anfängern auch darin, daß die Bälle nicht zugeschlagen, sondern zugeworfen werden. Die Anforderungen können auch dadurch gesteigert werden, daß bestimmte Zielfelder zu treffen sind. Die übrigen Felder können durch Handtücher oder mit Trainingsjacken o. a. abgedeckt werden.

Übungsform ohne Partner: Der Spieler schupft allein gegen eine Wand; zuerst auf dem Fußboden, dann gegen eine hochgestellte Tischhälfte

(48)

Übungsform ohne Tisch: Spieler 1 spielt einen Treibschlag, Spieler 2 retourniert mit Unterschnittschlag

(49)

Übungsformen auf dem Tisch:
1. Spieler 1 wirft Bälle zu, Spieler 2 spielt einen Schupf- oder Unterschnittschlag
2. Spieler 1 spielt Bälle als Treib-, Konter-, Topspin- oder Schmetterschlag zu, Spieler 2 retourniert mit Unterschnittschlag

(50)

Warum ist der Schupfschlag die geeignete Schlagtechnik für den Anfänger, und worin bestehen Unterschiede zum späten und frühen Unterschnittschlag?

Da beim Schupfschlag die Geschwindigkeit des Balles vergleichsweise gering ist, hat der Anfänger eine relativ lange Zeit zur Verfügung, sich auf den ankommenden Ball einzustellen. Daher kann er den Ball trotz geringer Erfahrung leicht retournieren. Die technischen Anforderungen an das Bewegungskönnen sind gering, weil die Schlagbewegung einfach ist; Flug- und Sprungverhalten bereiten dem Spieler keine Überraschungen.

Der Schupfschlag ist von daher auch der typische „Sicherheitsschlag". Fehler dürften eigentlich nur selten vorkommen, so daß der Ball gut auf dem Tisch und im Spiel gehalten werden kann, d. h. langandauernde Ballwechsel mit dieser Schlagtechnik zu verwirklichen sind. Das ist vor allem beim Spielen ohne regelgerechten Wettkampfgedanken und zu Übungszwecken wichtig.

Fehler beim Schupfschlag entstehen zumeist nur dadurch, daß der Spieler die Sicherheit zugunsten eines größeren Risikos aufgibt und „raffiniert" spielen will.

Wegen der größeren Bewegungsweite ist der Unterschnittschlag schwieriger als der Schupfschlag. Gegenüber der Technik des Schupfschlages ist eine deutlichere vertikale Bewegungsrichtung des Schlagarmes von oben nach unten zu verzeichnen. Der Ball wird im allgemeinen später, d. h. in der absteigenden Phase, hinter der Grundlinie getroffen (später Unterschnitt). Man kann den Unterschnittschlag jedoch auch früher spielen und den Ball schon in der aufsteigenden Phase treffen (früher Unterschnitt). Das Schlägerblatt ist dabei halb geöffnet, und die Hoch-Tief-Bewegung des Körpers ist nicht mehr so extrem.

In der Grundstruktur sind Schupfschlag und Unterschnittschlag jedoch identisch. Man kann den Unterschnittschlag als einen „verlängerten" Schupfschlag bezeichnen.

Schupfschlag und Unterschnittschlag

Welche Fehler treten beim Schupfschlag und beim Unterschnittschlag häufig auf, und wie kann man sie korrigieren?

Fehler	Ursache/Folge	Korrektur
Schupfschlag: Oberkörperhaltung ist zu aufrecht	Armbewegung wird fehlerhaft ausgeführt	Bewegungsbereite Stellung einnehmen, Oberkörper vorbeugen
Bewegung des Schlagarms erfolgt zu schnell und ruckartig	Ball geht über die Grundlinie ins Aus	Schlagbewegung kontinuierlich und langsam ausführen
Schlägerblatt ist senkrecht bis geschlossen	Ball geht ins Netz	Schlägerblattstellung öffnen
Schlägerblatt wird seitlich verdreht	Ball geht ins Seitenaus	Schlagarm geradlinig nach vorn schwingen
Unterschnittschlag: Schlägerblatt ist extrem geöffnet	Flugkurve des Balls ist zu hoch	Schlägerblatt geöffnet bis senkrecht stellen
Geschlossene Beinstellung	Keine Kontrolle über die Bewegung; eingeschränkte Bewegungsmöglichkeit	Immer eine Seit-Schritt-Stellung einnehmen
Schlagbewegung ist zu kurz und zu langsam	Der Ball geht ins Netz	Schlagbewegung weiträumig und fließend ausführen

Stoppschlag

Welche technischen Merkmale weist der Stoppschlag auf?
Technik des Stoppschlages:

Der Stoppschlag weist in der *Ausgangsstellung* und in der Gesamtkörperbewegung dieselben Merkmale wie der Schupfschlag auf. *Der Ball* wird seitlich vor (VH) oder neben (RH) dem Körper getroffen. Der Treffpunkt liegt in der aufsteigenden Phase unmittelbar nach dem Aufspringen des Balles. Das *Schlägerblatt* ist weit geöffnet. *Die Bewegung des Schlagarmes* ist kurz und verläuft fast waagerecht von hinten nach vorn. Die *Ausschwungphase* ist nur sehr kurz.

Was will man durch das Spielen eines Stoppschlages erreichen, und woran erkennt man, ob er erfolgversprechend ausgeführt wird?

Aus taktischen Gründen wird der Stoppschlag angewendet, um den Gegner:
– „zum Laufen zu bringen", wenn er jeweils aus einer tischentfernteren Position vorlaufen muß
– ihn in seinem Spielrhythmus zu stören
– zu verleiten, den Ball so schlecht zu retournieren, daß man selbst einen Schmetterschlag spielen kann.

Natürlich kann ein Stoppschlag wie jeder andere Schlag auch direkt zu einem Punkterfolg führen.

Da der Spieler einen harten Angriffsschlag vortäuscht, um dann einen weichen und kurzplazierten Stoppschlag zu spielen, kann man den Stoppschlag auch als „Fintenschlag" bezeichnen. Dieser Unterschied in der Gestaltung der Ausholphase gegenüber der Treff- und Ausschwungphase erfordert ein sehr gutes Ballgefühl. Zur gekonnten Ausführung des Stoppschlages gehört natürlich auch eine entsprechende Mimik, damit die Täuschung gelingt und der Gegenspieler die Absicht nicht zu früh erkennt.

Als besonders sinnvolle Übungsform ist das Zuspiel von Ballon- oder Unterschnittschlägen zu betrachten, die dann entsprechend kurz gestoppt werden. Ein guter Stoppball muß in der Netzzone aufspringen. Er sollte, ohne gespielt zu werden, in der Hälfte des Gegners mindestens zweimal aufspringen können, bevor er über die Grundlinie ins Aus springt.

Ein häufiger Fehler ist, daß der Ball zu spät gespielt wird, d. h. nicht unmittelbar nach dem Aufspringen, und so ein Überraschungseffekt kaum erzielt werden kann. Springt der Ball zu weit hinter das Netz in die Hälfte des Gegenspielers, so liegt dies zumeist daran, daß das Schlägerblatt zu wenig geöffnet ist und der Ball daher „zu lang" wird.

Taktisches Verhalten

Welche Formen der Spielgestaltung kann man beim Tischtennisspiel unterscheiden, und woran sind verschiedene Spielsysteme zu erkennen?

Als zwei grundlegende Formen der Spielgestaltung kann man beim Tischtennisspiel ein *Angriffsspiel* und ein *Abwehrspiel* unterscheiden. Ein entscheidender Gesichtspunkt für diese Unterscheidung ist dabei, wie ein Spieler sich unter technischen und taktischen Gesichtspunkten vorwiegend verhält, um zum Erfolg über den Gegenspieler zu kommen. Bei der Verwendung von Begriffen wie „Angriff" und „Abwehr" muß man sich jedoch vor Augen halten, daß bei den Rückschlagspielen, anders als bei den großen Mannschaftsspielen, eine Unterscheidung in Angriff und Abwehr wesentlich schwieriger ist.

Da ein äußeres Merkmal der verschiedenen taktischen Konzepte unter anderem die Bewegungsräume sind, die sich in einer bestimmten Entfernung vom Tisch befinden und aus denen heraus die Spieler ihr Spiel gestalten, kann man die Formen der Spielgestaltung auch nach diesen Bewegungsräumen benennen. Unter diesem Gesichtspunkt kann man dann folgende Formen unterscheiden:

> Nahdistanz-Spiel
> Halbdistanz-Spiel
> Langdistanz-Spiel

Es gibt nun Spieler, die in der Spielgestaltung zwischen einem Angriffsspiel und einem Abwehrspiel wechseln und sich dementsprechend auch in verschiedenen Bewegungsräumen aufhalten. Berücksichtigt man dies und verbindet die verschiedenen oben genannten Gesichtspunkte miteinander, so ergibt sich folgende Terminologie:

> Angriffsspiel
> Halbdistanzspiel
> Abwehrspiel

Diese drei Bezeichnungen werden im folgenden zur Kennzeichnung bestimmter Formen der Spielgestaltung verwendet. Man bezeichnet sie auch als *Spielsysteme,* mit denen man auch eine Vorstellung von einem bestimmten *Spielertyp* verbindet. Zur Unterscheidung der verschiedenen Spielsysteme kann man also einmal die *Bewegungs- oder Aktionsräume* heranziehen.

Abwehr-spieler	Halbdistanz-spieler	Angriffs-spieler	
3-4 m	2-3 m	1 m	
Langdistanz-zone	Halbdistanz-zone	Nahdistanz-zone	

(51) Aktionsräume bei verschiedenen Spielsystemen

Ein weiteres Merkmal sind die *Schlagtechniken,* die im Abwehr- oder Angriffsspiel vorherrschend gespielt werden. Bei Angriffsspielern etwa überwiegen Schläge mit Vorwärtsdrall, bei Abwehrspielern Schläge mit Rückwärtsdrall. Von der *Zielsetzung* her sieht es so aus, als wolle der Abwehrspieler scheinbar keinen Punkt machen und nur den Ball immer wieder auf die gegnerische Tischhälfte zurückbringen. Der Angriffsspieler dagegen wirkt aggressiv. Temperamentvoll sucht er das Spielgeschehen an sich zu reißen; er diktiert das Tempo, ist risikofreudig und sucht die Entscheidung.

Beim Abwehrspieler muß man sich demgegenüber klarmachen, daß er nicht unfreiwillig in die Position des aus der Distanz abwehrenden Spielers gedrängt wird, sondern diese Position bewußt einnimmt, weil sie seinem Temperament und seinen spielerischen Voraussetzungen entspricht und weil er von hierher glaubt, am ehesten zum Erfolg über seinen Gegner zu kommen. Er wirkt also insgesamt eher reagierend und abwartend, versucht den Gegner durch Tempowechsel aus dem Spielrhythmus zu bringen und Unruhe zu stiften.

Der Halbdistanzspieler ist in seiner Spielanlage durch eine Mischung der kennzeichnenden Merkmale der beiden Extreme charakterisiert.

Taktisches Verhalten

Woran ist die Spielweise des Angriffsspielers zu erkennen, und wie gestaltet er sein Spiel gegen verschiedene Spielsysteme?

Das taktische Verhalten des Angriffsspielers ist darauf abgestellt, durch möglichst wenig vorbereitende Angriffsschläge zum punktbringenden Schmetterschlag zu kommen. Er steht dabei dicht am Tisch. Seine Spielweise ist dynamisch, aggressiv und risikoreich.

 (52)

Spezielle Merkmale der Spielweise:

Aufschlag	variantenreich
Schlagarten	alle Angriffsschlagarten und Stopp + Block
Spieltempo	schnell, dynamisch
Spielzüge	wenig
Punkterfolg	durch Schmetterschlag o. Topspin

Verhalten gegen verschiedene Spielsysteme:

1. Angriffstaktik gegen Angriffsspieler

Eigener Aufschlag	variantenreich, extrem kurze in die VH und RH, lange, schnelle in die VH
Rückschlag auf Aufschlag	in die RH flippen, lange Schupfschläge in die VH, extrem kurze Stopps (ist das schlecht, was man merken kann)
Spielverhalten beim Ballwechsel	dynamisch, alle Angriffsschlagarten, keine Schupfschläge und Stopps während des Ballwechsels

2. Angriffstaktik gegen Abwehrspieler

Eigener Aufschlag	wie gegen Angriffsspieler / überwiegend Aufschläge ohne Schnitt
Rückschlag auf Aufschlag	möglichst mit einem Angriffsschlag, ab und zu ein kurzer Schupfschlag
Spielverhalten beim Ballwechsel	alle Angriffsschlagarten, Stopp, Schmetterschlag „erarbeiten"

3. Angriffstaktik gegen Halbdistanzspieler

Eigener Aufschlag	wie gegen Angriffsspieler
Rückschlag auf Aufschlag	möglichst sofort mit einem Angriffsschlag
Spielverhalten beim Ballwechsel	Halbdistanzspieler mit Angriffsschlagarten in die Defensive drängen

Spielzugübungen für den Angriffsspieler:

Beispiele	Seite des Schlägers, Schlagart, Richtung
1. Schlag	RH Aufschlag parallel
2. Schlag	RH Konter diagonal
3. Schlag	VH Konter parallel
4. Schlag	VH Schmettern diagonal
1. Schlag	RH Aufschlag diagonal
2. + 3. Schlag	VH Topspin parallel + diagonal
4. + 5. Schlag	VH Schmettern parallel + diagonal
1. Schlag	VH Aufschlag diagonal
2. Schlag	VH Treibschlag diagonal
3. Schlag	VH Stopp
4. Schlag	VH Treibschlag diagonal
5. Schlag	VH Schmettern diagonal

Taktisches Verhalten

Wodurch ist die Spielweise des Abwehrspielers gekennzeichnet, und wie gestaltet er sein Spiel gegen verschiedene Spielsysteme?

Abwehrspieler müssen beharrlich, ruhig und ausdauernd sein. Ihre Taktik ist darauf abgestellt, jeden Ball sicher zurückzuspielen und den Gegenspieler zu Fehlern zu verleiten. Wenn die Situation sich zwingend anbietet, stören sie jedoch den Spielrhythmus des Gegenspielers durch gelegentliche Angriffsschläge.

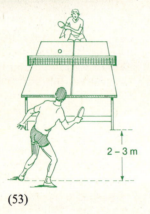

(53)

Die Idealposition des Abwehrspielers ist 2–3 m hinter der Grundlinie. Er muß versuchen, diese Position nach jedem Schlag wieder einzunehmen. Dies erfordert ein großes Laufpensum, so daß er über eine gute Ausdauerfähigkeit verfügen muß.

Spezielle Merkmale der Spielweise:

Aufschlag	Unterschnittaufschläge
Schlagarten	alle Abwehrschlagarten mit Schnittvariationen, gelegentlich Angriffsschlagarten
Spieltempo	langsam, verzögernd
Spielzüge	viele
Punkterfolg	Gegner zu Fehlern verleiten

Verhalten gegen verschiedene Spielsysteme:

1. Abwehrtaktik gegen Angriffsspieler

Eigener Aufschlag	Unterschnittschläge in die RH
Rückschlag auf Aufschlag	Schupf- oder Unterschnittschläge
Spielverhalten beim Ballwechsel	Schnittvariationen, Tempoverzögerung, nach schlechten Stopps des Gegners selbst schmettern

2. Abwehrtaktik gegen Abwehrspieler

Eigener Aufschlag	Unterschnittaufschläge in die VH und RH
Rückschlag auf Aufschlag	Schupf- und Unterschnittschläge
Spielverhalten beim Ballwechsel	Gegner zum Angriffsspiel verleiten, nicht selbst den ersten Angriffsschlag ausführen

3. Abwehrtaktik gegen Halbdistanzspieler

Das Spielverhalten des Abwehrspielers gegenüber dem Halbdistanzspieler ist etwa das gleiche wie gegenüber dem Angriffsspieler.

Wenn der Halbdistanzspieler aus taktischen Erwägungen heraus eine defensive Spielweise wählt, so muß der Abwehrspieler seine Taktik ändern können. In einem solchen Fall setzt er die technischen und taktischen Mittel wie gegen einen Abwehrspieler ein. Ein Abwehrspieler muß also auch angreifen können und im Training z. B. Angriffsschlagarten üben.

Taktisches Verhalten

Über welche Voraussetzungen muß ein Halbdistanzspieler verfügen, und wie verhält er sich beim Spiel gegen verschiedene Spielsysteme?

Entscheidend ist die Variabilität des Halbdistanzspielers. Grundvoraussetzungen für einen Erfolg sind:
– Beherrschung aller Schlagtechniken
– Schnelles Umdenken
– Gutes Tempogefühl
– Physische und psychische Robustheit

Somit muß der Halbdistanzspieler auch alle speziellen taktischen Merkmale sowohl des Angriffs- als auch des Abwehrspielers besitzen. Seine Idealposition ist 1–2 m von der Grundlinie entfernt.

(54)

Verhalten gegen verschiedene Spielsysteme:

1. Halbdistanztaktik gegen Angriffsspieler

Eigener Aufschlag	extrem kurze Aufschläge
Rückschlag auf Aufschlag	kurzplazierte Bälle
Spielverhalten beim Ballwechsel	variabel

2. Halbdistanztaktik gegen Abwehrspieler
Bei eigenem Aufschlag bzw. Rückschlag des Aufschlags und während des Ballwechsels empfiehlt sich immer eine variantenreiche Spielweise.

3. Halbdistanztaktik gegen Halbdistanzspieler
Bei eigenem Aufschlag und während des Ballwechsels empfiehlt sich eine variantenreiche Spielweise. Für den Rückschlag des Aufschlags sind kurz plazierte Bälle zu bevorzugen.

Wie sollte ein Doppel zusammengesetzt sein, und welche Grundsätze sind für das Zusammenspiel zu beachten?

In der Regel können die Spieler ein gutes Doppel bilden, die beide dasselbe Spielsystem spielen. Halbdistanzspieler können aufgrund ihrer Vielseitigkeit sowohl mit Angriffs- als auch mit Abwehrspielern sehr gut Doppel spielen.
Für das Spielverhalten beim Doppel sind einige wichtige Grundsätze zu beachten:
Laufverhalten und Stellungsspiel müssen sehr gut aufeinander abgestimmt sein. Das geschieht dadurch, daß
– der Spieler nach seinem Schlag den Tisch sofort durch seitliches Ausweichen für den Partner freigibt. Dabei gilt für Rechtshänder: Wird der Ball aus der Rückhandseite gespielt, bewegt sich der Spieler nach links weg. Wird der Ball aus der Vorhandseite gespielt, bewegt sich der Spieler nach rechts weg.
– der Spieler nach dem seitlichen Ausweichen sofort hinter den Partner läuft.
Das Aufschlagspiel muß auf den Partner abgestimmt sein, d. h. die Plazierung und Schlagtechnik nach Möglichkeit so wählen, daß der Partner keine Schwierigkeiten bei der Annahme des retournierten Aufschlags hat.
Nach gewonnener Wahl muß die Entscheidung für das Aufschlag- oder Rückschlagrecht nach taktischen Gesichtspunkten erfolgen, z. B. kann die Wahl des Rückschlags vorteilhafter sein, weil man dann die Aufstellung entscheiden kann, d. h. wer den Aufschlag des Gegners annimmt.
Bei Fehlern dem Partner auf keinen Fall Vorwürfe machen, sondern ihm Mut zusprechen; bei guten Aktionen den Partner loben.

Taktisches Verhalten

Wie sieht die Grundstellung von Aufschläger und Rückschläger in den verschiedenen Spielsystemen und beim Doppel aus?

Aus der beabsichtigten Form der Spielgestaltung im Verlauf eines Ballwechsels ergibt sich, daß die Grundstellung bei den verschiedenen Systemen unterschiedlich ist. Beim Doppel wird die Grundstellung durch das Zusammenspiel zweier Spieler und ihrer jeweiligen Funktion bestimmt.

Grundstellung des Aufschlägers:

Angriffssystem: Der Spieler steht in unmittelbarer Nähe des Tisches auf der RH-Seite. Aus dieser Position kann er am besten zum VH-Angriff kommen.

(55)

Abwehrsystem: Der Spieler steht ca. 1 m hinter der Grundlinie vor der Mittellinie. Aus dieser Position können am besten RH-Abwehrschläge und VH-Abwehrschläge gespielt werden.

Halbdistanzsystem: Beim Halbdistanzsystem hängt die Grundstellung des Aufschlägers davon ab, ob der Spieler nach dem Aufschlag in eine Angriffs- oder Abwehrposition kommen will.

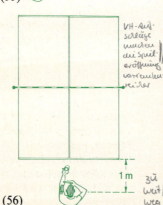
(56)

Grundstellung des Rückschlägers:

Angriffssystem: Der Spieler steht ca. 1 m hinter der Grundlinie auf der RH-Seite. Aus dieser Position können alle Aufschläge mit einem Angriffsschlag (möglichst mit VH) retourniert werden.

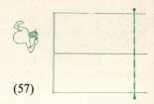
(57)

Abwehrsystem: Der Spieler steht ca. 1 m hinter der Grundlinie vor der Mittellinie. Dies ist die günstigste Position, um jeden Aufschlag mit RH-Abwehrschlägen zu retournieren.

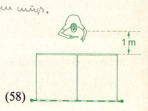
(58)

Halbdistanzsystem: Für die Grundstellung des Rückschlägers gilt hier dasselbe, was für die Grundstellung des Aufschlägers gesagt ist.

Grundstellungen bei Aufschlag und Rückschlag im Doppel:

Aufschlag: Der Aufschläger steht dicht am Tisch und serviert grundsätzlich RH-Aufschläge, um den Bewegungsraum seines Mitspielers nicht einzuengen.

Rückschlag: Der Rückschläger steht ca. 1 m hinter der Grundlinie.

Der nicht aufschlagende bzw. nicht rückschlagende Mitspieler steht ca. 1 m hinter der Grundlinie auf der RH-Seite.

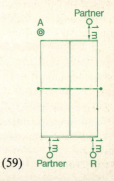
(59)

Taktisches Verhalten

Was versteht man unter taktischem Verhalten, und welche Basistips kann man für verschiedene Spielsituationen geben?

Taktisch richtiges Spielen kann man als *kluges Spielverhalten* beschreiben. Dieses kluge Spielverhalten setzt voraus, daß man die eigenen Stärken ausnutzt und ebenso die Schwächen des Gegenspielers. Die eigenen Stärken und Schwächen kennen die meisten Spieler schon vor dem Spiel. Die richtige Einstellung auf den Gegenspieler sollte jedoch auch schon vor dem Spiel erfolgen; man sollte daher seine Stärken und Schwächen nicht erst im Verlauf des Spiels einschätzen lernen. Grundlage für die Einschätzung der Gegenspieler sind Spielbeobachtungen und Spielanalysen.

Allgemeine Basistips: Jeder Spieler, besonders aber der Abwehrspieler, sollte folgende Basistips beachten:
– unnötige Risiken vermeiden
– Spielpausen zur Entspannung nutzen
– die Taktik nur in Ausnahmefällen ändern
– Mißerfolge schnell verarbeiten
– von Anfang an voll konzentriert und bis zum letzten Punkt kämpfen
– ohne Angst spielen, auch bei einem Spielstand von 20:20.

Hinweis: Auf gar keinen Fall sollte ein Spieler sein Spielsystem während eines Wettkampfes ändern.

Basistips für Aufschläger:
– Gegenspieler über die Art des Aufschlages in Unkenntnis lassen
– variantenreich aufschlagen
– erfolgreiche Aufschläge wiederholt anwenden
– keine Aufschläge in die Mittelzone plazieren

Basistips für Rückschläger:
– Aufschläger aufmerksam beobachten
– variantenreich, aber sicher retournieren
– dynamische Ballerwartungshaltung einnehmen
– nur kurz oder lang retournieren

Wie sind die äußeren Spielbedingungen taktisch einzuordnen?

Zu den äußeren Spielbedingungen, die auf die Leistung eines Spielers einen Einfluß haben und Beachtung finden müssen, gehören: *das Spielgerät, die Spielstätte, die Schiedsrichter und die Zuschauer.*
Die genaue Kenntnis der Spielbedingungen kann schon für den Sieg eine entscheidende Bedeutung haben.

Spielgerät: Bevor man ein Wettspiel beginnt, sollte jeder Spieler Spannung und Höhe des Netzes nachprüfen und sich auf den Tisch einspielen. Neue Bälle sollten vorher abgewischt und auf ihre einwandfreie Beschaffenheit hin überprüft werden (Rundlauf). Im Leistungssport wird bereits Tage vor dem Wettkampf unter den Gerätebedingungen des Meisterschaftsspiels trainiert. Natürlich ist das im Freizeitbereich nicht erforderlich, doch sollte auch hier ein „Einspielen" nicht fehlen.

Spielstätte: Hier ist es wichtig, sich mit den Licht-, Fußboden- und Raumverhältnissen vertraut zu machen. Bei glattem Boden ist es hilfreich, die Schuhsohlen anzufeuchten. Bei eingeschränktem Raum ist ggf. die Taktik zu ändern.

Schiedsrichter: Entscheidungen von Schiedsrichtern können nicht frei von Fehlern sein. Daher sollte jeder Spieler die Entscheidungen (auch Fehlentscheidungen) akzeptieren. Wer selbst gelegentlich als Schiedsrichter tätig ist, hat für dessen Funktion eher Verständnis, ärgert sich nicht so leicht und spielt besser.

Zuschauer: Auf keinen Fall sollte sich ein Spieler durch Zuschauer irritieren lassen, seien sie ihm nun wohlgesonnen oder auch nicht.
Grundsätzlich sollte man sich immer vor Augen halten, daß trotz aller Ernsthaftigkeit das Spielerische nicht verlorengehen darf. Ärger und Angst mindern in jedem Fall die Leistung.

Physische und psychische Leistungskomponenten

Welche Komponenten bestimmen die Leistungsfähigkeit des Tischtennisspielers?

Aus dem Zusammenwirken der physischen, psychischen, technischen und taktischen Komponenten oder Fähigkeiten ergibt sich die Leistungsfähigkeit eines Tischtennisspielers. Durch systematisches Training sollen diese Fähigkeiten geschult werden.

Komponenten	Teilkomponenten
physische Grundlagen	Kraft, Ausdauer, Schnelligkeit, Koordination, Flexibilität
psychische Grundlagen	Willenskraft, Einsatzbereitschaft, Mut, Besonnenheit, Selbstbeherrschung, Antizipationsfähigkeit, Entschlossenheit
technische Grundlagen	Aufschläge, Schlagarten, Stellung und Bewegung
taktische Grundlagen	Grundtaktik, Taktik der Spielsysteme, Doppeltaktik, Wettkampftaktik

Die Komponenten der Technik und Taktik sind in den vorangegangenen Kapiteln eingehend behandelt worden.
Bevor auf die wichtigen, leistungsbestimmenden Komponenten eingegangen wird, muß deutlich gemacht werden:
Es gibt viele Spieler, die alle Leistungskomponenten in hervorragendem Maße besitzen und doch nicht zum „großen Star" werden. Der Grund liegt einzig darin, daß sie nicht bereit sind, die physischen Komponenten zu schulen. Andererseits gibt es Spieler, die mit großem Einsatz ihre nur begrenzten Möglichkeiten schulen und sehr gute Leistungen erbringen. Eine maximale Leistung (Weltklasseleistung) ist heute jedoch nur möglich, wenn ein Spieler mit außergewöhnlich guten Komponenten diese auch mit großer Leistungsbereitschaft schult.

Das Tischtennisspiel hat jedoch den Vorteil, daß nicht nur die befähigten Spieler durch eine intensive Schulung viel Spaß und Freude in dieser Sportart erlangen können.

Wann und wie sollten die Teilkomponenten im physischen Bereich entwickelt werden?

Leider muß festgestellt werden, daß beim Tischtennissport diese Komponenten wenig und vor allem zu spät trainiert werden. Selbst wenn ein Spieler nur „Freizeittischtennis" ausüben will, sollte er auf keinen Fall auf das Grundlagentraining im physischen und psychischen Bereich verzichten. Gleichgültig, ob einer technisch-taktisch hervorragende Anlagen hat oder nicht, er kann sie zu seiner Freude nur dann voll entwickeln, wenn er sich auch eine gute physische und psychische Grundlage erarbeitet.

Schulung der physischen Leistungskomponenten:

1. Kraft (Schnellkraft)

> **Vorbemerkung:** Bei der motorischen Grundeigenschaft Kraft unterscheiden wir zwischen statischer und dynamischer Kraft. Eine Form der dynamischen Kraft ist die Schnellkraft, die beim Tischtennisspieler besonders geschult werden sollte.
> **Definition der Schnellkraft:** Fähigkeit, einen Widerstand bei einer gezielten Bewegung so schnell wie möglich zu überwinden.
> **Beanspruchungssituation:** Bei allen Schlagtechniken.
> **Beispiel einer Übungsform:** Kurzhantelschwingen (in Serien).

2. Ausdauer

> **Definition:** Fähigkeit, eine Leistung über einen längeren Zeitraum (über 2 Minuten) zu erbringen.
> **Beanspruchungssituation:** Ein Tischtennissatz dauert im Durchschnitt brutto 7–8 Minuten. Obwohl dabei die Nettospielzeit nur 2–3 Minuten aufweist, muß der Spieler doch über mehrere Sätze konzentriert in Bewegung bleiben. Deshalb ist eine gute Ausdauerfähigkeit erforderlich.
> **Beispiel einer Übungsform:** Dauerlauf (20–60 Minuten).

3. Schnelligkeit (Fortbewegungsschnelligkeit)

Definition: Fähigkeit, Bewegungen oder Bewegungsfolgen mit einer größtmöglichen Geschwindigkeit durchzuführen.
Beanspruchungssituation: Bei allen Schlägen muß blitzschnell eine optimale Stellung eingenommen werden. Außerdem müssen oftmals kurze Sprints zum Erreichen des Balles angesetzt werden.
Beispiel einer Übungsform: Sprints über 15 m (in Serien).

4. Koordination

Vorbemerkungen: Die Koordination beinhaltet Begriffe wie Geschicklichkeit (koordinative Qualität bei Einzelbewegungen) und Gewandtheit (koordinative Qualität bei Gesamtbewegungen).
Definition: Fähigkeit, eine Bewegung genau und zielgerichtet durchzuführen.
Beanspruchungssituation: Beim Tischtennisspiel kommt es immer entscheidend auf die präzise Ausführung der Schlagbewegungen an.
Beispiel einer Übungsform: Simulation einer Schlagbewegung.

5. Flexibilität

Definition: Fähigkeit, eine größtmögliche Bewegungsbreite in einem oder in mehreren Gelenken zu besitzen.
Beanspruchungssituation: Die Weite der Ausholbewegung für einen Schlag hängt u.a. von der Beweglichkeit im Schultergelenk und in der Wirbelsäule ab.
Beispiel einer Übungsform: Armkreisen, Dehnübungen für den Oberkörper.

Wichtige Hinweise: Als „Beispiele einer Übungsform" können natürlich auch Formen angeboten werden, die mit dem Tischtennisspiel direkt verbunden werden, z. B. Umlaufen des Tisches bei diagonalem Zuspiel über eine Zeit von 2 bis 3 Min. So werden Technik und – wie in diesem Fall – Ausdauer gleichzeitig geübt.
Selbstverständlich sind der Trainingsumfang und die Trainingsintensität nach Freizeit- oder Leistungssportler und dem jeweiligen Trainingszustand zu dosieren.

Welche Übungen dienen der Verbesserung der Beinarbeit?

Die schnelle Überbrückung des Raumes durch geeignete Formen der Fortbewegung ist ein sehr wichtiges Element des Tischtennisspiels, wird doch erst durch die richtige Stellung zum Ball eine exakte Ausführung der Schlagbewegung gewährleistet. Die erforderlichen schnellen Sidestep- und Ausfallschritte sowie Körperdrehungen müssen unbedingt in Verbindung mit den verschiedenen Schlagarten geübt werden. Da in den einzelnen Spielsystemen die Bein- bzw. Laufarbeit verschiedenen Charakter hat, müssen auch bei diesem Übungskomplex die Übungsformen den individuellen Anlagen des Spielers entsprechen.

Einfache, regelmäßige Übungen: Ein Partner (A) serviert regelmäßig den Ball abwechselnd in die VH- und RH-Seite des Übenden (B), der ihn mit einer Schlagseite retourniert.
Beispiel für Angriffsspieler:
A: RH-Konterschlag, Schlagrichtung parallel/diagonal abwechselnd
B: VH-Konterschlag, Schlagrichtung in die RH-Seite des Partners
Die Lauf- und Beinarbeit ist durch kurze, schnelle Sidestepschritte charakterisiert. Erforderlich ist besonders Reaktionsschnelligkeit.
Beispiel für Abwehrspieler:
Für Abwehrspieler wird vorwiegend die Vor- und Rückwärtslaufbewegung geübt:
A: VH-Topspinschlag/VH-Stopp im Wechsel
B: VH-Unterschnittschlag, diagonal
Die Lauf- und Beinarbeit ist durch schnelle, raumgreifende Vor- und Rückwärtsbewegungen gekennzeichnet.

Einfache, unregelmäßige Übungen: Es werden Übungen wie unter 1. durchgeführt, nur spielt der Partner (A) unregelmäßig zu. Hierbei werden natürlich schon große Anforderungen hinsichtlich des Koordinationsvermögens, der Schnelligkeit und der Vielfalt der technischen Grundlagen gestellt.

Leistungskomponenten

Welche Bedeutung haben die psychischen Komponenten für die Leistungsfähigkeit?

Tischtennis läßt sich aufgrund der aufgezeigten Übungsmöglichkeiten und -formen technisch schnell und sicher erlernen. Beim Kampf um Punkte, vor allem im Wettkampf, hängt jedoch der Erfolg oder Mißerfolg eines Spielers nicht allein von seinen technischen Fähigkeiten, sondern häufig auch von seiner psychischen Verfassung ab.

Die wichtigste psychologische Voraussetzung ist die *Leistungsmotivation*. Bei einem Sportler, der Freude an Wettkämpfen und an einem Leistungsvergleich hat, kann man davon ausgehen, daß ein Leistungsmotiv vorhanden ist. Dieser Sportler findet im Wettkampf die Situation, in der er sein Bedürfnis nach Erfolg und Anerkennung verwirklichen kann. *Motiv* und *Situation* sind dabei die entscheidenden Komponenten der Leistungsmotivation.

Die Leistungsmotivation hängt von einigen Faktoren, wie dem *Anspruchsniveau* und der *Erfolgs-* bzw. *Mißerfolgswahrscheinlichkeit* ab. So bietet das Spiel gegen einen erheblich schwächeren Gegner bei hohem Anspruchsniveau nur wenig *Anreiz*, weil die Erfolgswahrscheinlichkeit groß ist. Im Training sollte man daher häufig Situationen schaffen, die echten Anreiz enthalten, also Spiele zwischen nahezu gleichwertigen Gegnern arrangieren. Der Spieler lernt, das eigene *Leistungsvermögen* richtig einzuschätzen. Ein Sieg, vielleicht sogar über den leicht überlegenen Gegner, fördert vor allem das *Selbstvertrauen*.

Fehlendes Selbstvertrauen zeigt sich gerade in Wettkämpfen. Sich selbst und die Spannbreite seiner Fähigkeiten beherrscht der Spieler nur noch vermindert. Eine Niederlage scheint unvermeidbar. Letztlich muß ein Spieler eine Niederlage verkraften können, ohne seine tatsächlichen Fähigkeiten in Frage zu stellen. Von seiner *Selbstbeherrschung* und *Willensstärke* hängt es ab, die erlernten Fähigkeiten auch im Wettkampf umzusetzen.

Welche Wettspielformen eignen sich als spezielle Trainingsmaßnahmen?

Oftmals bietet es sich im Training an, die für den Vereins- und Verbandssport üblichen Ordnungen für Wettspiele derart zu ändern, daß ein ganz bestimmter Trainingseffekt erzielt wird.

1. Man beginnt jeden Satz bei einem Spielstand von 10:10, um *Schwächen in der Einstellung* zu *beheben*. Viele Spieler sind erst vom 10. Punkt an konzentriert.

2. Man spielt mit fünf Gewinnsätzen, beginnt jeden Satz jedoch beim Spielstand von 18:18. Diese Wettspielform dient ebenfalls dazu, die *Konzentrationsfähigkeit* von Beginn eines Satzes an zu schulen. Außerdem soll der Spieler die *Angst* vor der Schlußphase eines Satzes *überwinden lernen*.

3. Man spielt mit 2 Gewinnsätzen, wobei jeder Satz erst dann beendet ist, wenn ein Spieler zuerst 31 Punkte erreicht hat bzw. beim Spielstand von 30:30 zuerst 2 Punkte Vorsprung besitzt. Hierbei soll die *Konzentrations- und Ausdauerfähigkeit* verbessert werden.

4. Man spielt mit 2 Gewinnsätzen. Ein Punkt kann nur dann gemacht werden, wenn man im Besitz des Aufschlagsrechtes ist. Durch einen Fehler verliert man das Aufschlagsrecht an den Gegner. Diese Wettspielform soll die *Durchschlagskraft* des eigenen Aufschlagsspiels schulen.

5. Damit einerseits ein guter Spieler im Wettspiel mit einem schwächeren angespornt und motiviert ist, andererseits der schwächere eine Gewinnchance besitzt und nicht den Mut verliert, können auch *Handicapspiele* ausgetragen werden.

– Der leistungsstarke Spieler gibt dem schwächeren einige Punkte als Vorgabe.

– Der Punkterfolg des Spielers niedriger Niveaustufe wird mehrfach gewertet.

– Der leistungstärkere Spieler verzichtet auf Schläge, die sein Partner nicht oder noch nicht retournieren kann. Aufschlag hat immer der leistungsschwächere Spieler.

56

Leistungskomponenten

Warum sollten Wettspiele auch während der Trainingszeit stattfinden?

Wettspiele sollen nicht nur anläßlich offizieller Meisterschaften und Turniere, sondern auch während der Trainingszeit stattfinden; denn im Wettspiel hat jeder die Möglichkeit, seine Spielstärke festzustellen. Sie dienen dazu, Fehler zu analysieren und daraufhin das weitere Trainingsprogramm auszurichten. Nur durch das Wettspiel kann ein Spieler zu seiner individuellen Spielanlage kommen, da es die Organisationsform darstellt, bei der man die größte Möglichkeit zur freien Spielentfaltung besitzt. Man lernt eigene Schwächen und Stärken kennen und richtet sein Spiel darauf ein. Nicht zuletzt ist das Ziel von Wettspielen, Freude zu bereiten. Hinweis: Wettspiele im Training haben nur dann ihre volle Wirkung, wenn sie unter genau denselben Umständen stattfinden, unter denen auch Wettkämpfe ausgetragen werden.

Welche Übungsformen dienen dazu, die individuellen taktischen Fähigkeiten zu verbessern?

Taktische Übungen im Tischtennis stellen Spielmomente dar, die für ein bestimmtes Spielsystem typisch sind. Es sind also Spielmomentübungen. Man stellt Schlagabfolgen zusammen, die der individuellen Spielanlage des Übenden entsprechen, und zieht dabei die Rückschlagmöglichkeiten des Gegenspielers (dessen Rolle der Partner übernimmt) ins Kalkül.

Beispiel: Angriffsspieler – Angriffsspieler:
A: Aufschlag: RH kurz parallel aus der RH-Seite
B: Return: VH-Schupfschlag, diagonal
A: VH-Flip, parallel
B: RH-Konterschlag, diagonal
A: VH-Schmetterschlag

Hinweis: Bei der Zusammenstellung dieser Übungsformen sollte man mit etwa drei Schlagfolgen beginnen und dann die Anzahl steigern.

Welche Spiele können als Ausgleich, Ergänzung und zur Verbesserung der Kondition empfohlen werden?

Konditionelle Grundlagen können freudvoll und spielerisch durch andere Sportspiele erworben werden. Sie ergänzen mit ihren zumeist andersartigen Beanspruchungsformen, Erlebnisweisen und Gruppierungen das Tischtennisspiel und beugen damit zugleich gewissen Einseitigkeiten ausgleichend vor.
In der Praxis haben sich folgende Spiele bewährt:

Hallenhockey
Spielerzahl: je Mannschaft 5–7 Spieler
Schläger: Plastikschläger und als Ball entweder ein Soft-, Tennis- oder Plastikball, auch eine Plastik- oder Gummischeibe ist möglich
Tore: möglichst Hallentore, 1 oder 2 Kasteneinsätze, Kasten
Spielregeln: es wird mit Bande gespielt und ohne Torlinie
Tip: Kasteneinsätze oder Kasten etwas in die Halle stellen, so daß auch von hinten Tore erzielt werden können.

Basketball:
Spielerzahl: je Mannschaft 5–6 Spieler
Spielregeln: nur einmal prellen ist erlaubt. Dadurch werden alle Spieler aktiviert.

Völkerball:
Spielerzahl: je Mannschaft 5–10 Spieler
Ball: 1 Weichball
Spielregeln: Außen- und Innenspieler versuchen, die Innenspieler der gegnerischen Mannschaft „abzuwerfen"
Tip: Spielregeln variieren, z. B. auch von der Seite abwerfen.

Hallenfußball:
Spielerzahl, Tore, Spielregeln: siehe Hallenhockey
Tip: Auch einmal „Sitzfußball" spielen.

Pushball:
Spielerzahl: je Mannschaft 5–10
Ball: „Riesenball" (80 bis 100 cm ø)
Spielregeln: Ball über die Grundlinie des Gegners schieben, pushen
Tip: Ball wird nach Volleyballart über eine 2 m hohe Leine gespielt.

Tischtennisspielen organisieren

Wovon hängt die Wahl einer geeigneten Turnierform ab, und welche Formen bieten sich im Bereich der Schule für Einzel und Doppel an?

Tischtennis kann als Einzel-, Doppel- und Mannschaftsspiel wettkampfmäßig ausgetragen werden. Es bieten sich zahlreiche Variationsmöglichkeiten an. Die Wahl der geeigneten Turnierform hängt grundsätzlich ab von:
- der Teilnehmerzahl
- der Anzahl der Tische
- der zur Verfügung stehenden Zeit
- der Art des Turniers (Freizeit- oder Leistungsturnier).

Turnierformen, bei denen jeder Spieler mehr als einmal zum Einsatz kommt, eignen sich besonders für den Schulbereich.

Hinweis: Über die Tischtennisvereine können für alle Turnierformen entsprechende Turnierbögen bezogen werden. Überhaupt sollte der Kontakt zwischen Schule und Verein dringend gesucht werden, da dadurch sehr viele Hilfen möglich sind.

Turnierformen für Einzel und Doppel:

„Jeder gegen jeden"

Jeder Spieler spielt gegen jeden, so daß ein umfassender Leistungsvergleich innerhalb einer Gruppe gegeben ist. Diese Form ist zwar zeitaufwendig, aber wenn man sie derart ändert, daß nur mit einem Gewinnsatz oder evtl. mit Kurzsätzen (bis zum 10. Punkt) gespielt wird, läßt sich diese Form sehr gut durchführen. Auch durch Gruppenbildung (4–6 Spieler/Gruppe) kann die erforderliche Zeit verkürzt werden.

	Susi	Otto	Karla	Heinz	Placierung
Susi		1:2	0:2	2:1	3
Otto	2:1		1:2	2:0	2
Karla	2:0	2:1		2:1	1
Heinz	1:2	0:2	1:2		4

(60)

Die Anzahl der Spiele errechnet sich wie folgt:

$$Z = \frac{(n-1)\,n}{2}$$

Z = Anzahl der Spiele
n = Teilnehmerzahl

Einfaches K.o.-System: Der Verlierer eines Spieles scheidet bei diesem Verfahren sofort aus. Als Ausgangsstellung wird je nach Teilnehmerzahl eine 4er, 8er, 16er, 32er usw. Turnierliste gewählt. Sollte die Liste nicht ganz voll belegt werden, wird sie durch Freilose in der ersten Runde aufgefüllt. Die besten Spieler werden „gesetzt", so daß sie erst möglichst spät gegeneinander spielen müssen.

So werden z. B. bei einer 16er Turnierliste die vier besten Spieler auf die Positionen 1 auf 1, 2 auf 16, 3 auf 9, 4 auf 8 gesetzt und die restlichen Spieler dazugelost. Evtl. Freilose werden zuerst den „Gesetzten" zugeteilt. Bei diesem Verfahren besteht der geringste Zeitaufwand. Als Nachteil ist zu werten, daß die Hälfte der Teilnehmer nach nur einem Spiel schon ausscheidet.

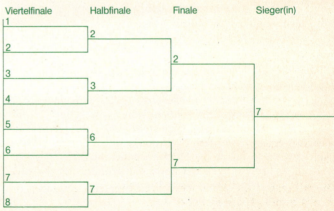

(61) Turnierplan

Hinweis: Eine Möglichkeit, diesen Spielern weitere Wettspiele anzubieten, ist die Austragung einer Trostrunde. Alle Teilnehmer, die in der *1. Runde ausgeschieden* sind, bestreiten dabei völlig separat vom Hauptwettbewerb ein Turnier wiederum im K.o.-System.

Doppeltes K.o.-System: Jeder Spieler scheidet erst nach der zweiten Niederlage aus dem Wettbewerb aus. Dieser Grundsatz wird bis zum Endspiel angewandt. Dadurch ist es möglich, daß ein Spieler, der das 1. Spiel verloren hat, noch das ganze Turnier gewinnt. Er müßte in so einem Fall als Sieger der Verliererrunde dann zweimal gegen den Sieger der Hauptrunde gewinnen.

Kaiserspiel-System: Dieses System eignet sich hervorragend für die Schule, weil es zum Schluß eines Trainings oder als offizieller Wettkampf schnell und unkompliziert durchgeführt werden kann.

G = Gewinner
    rücken nach
    rechts
V = Verlierer
    rücken nach
    links

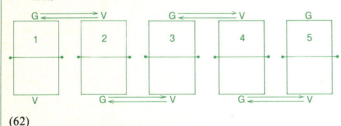

(62)

Durchführung: Auf ein Zeichen hin beginnen alle Spieler mit dem Wettkampf, der entweder nach:
– Ende eines Satzes (oder bei Erreichen des 10., 15. Punktes)
– einer festgelegten Zeit (2, 3, 4 oder 5 Minuten)
endet. Die Gewinner rücken dann alle einen Tisch nach vorn, die Verlierer einen nach hinten.
Sollten mehr Schüler als Tische vorhanden sein, so werden auf der Endseite der Sieger und der Verlierer immer der letzte Verlierer und der erste Sieger (Kaiser) ausgewechselt.

Welche Turnierformen sind für einen Leistungsvergleich von Mannschaften geeignet?

Paarkreuzsystem: Eine Mannschaft besteht aus 4 bzw. 6 Einzelspielern, die 8 (4er Mannschaft) bzw. 12 Einzel und 4 Doppel austragen. Die Spieler werden der Spielstärke nach von 1 bis 6 bzw. 1 bis 4 aufgestellt. Die Spielpaare 1/2, 3/4 und 5/6 einer Mannschaft spielen im Überkreuzverfahren gegen die entsprechenden Paare der gegnerischen Mannschaft. Jedes gewonnene Spiel wird mit einem Punkt für das Gesamtergebnis gewertet. Hat eine Mannschaft im Verlauf des Wettkampfes so viele Punkte erreicht, daß sie nicht verlieren kann, wird abgebrochen. In jedem Spiel wird mit zwei Gewinnsätzen gespielt.

Gruppenkreuzsystem: Eine Mannschaft besteht aus 6 Spielern. Es spielen die Spieler 1 bis 3 und 4 bis 6 über Kreuz, jeder gegen jeden. Außerdem werden zwei Doppelspiele ausgetragen.

Vierer- und Sechser-Meden-System: Eine Mannschaft besteht aus 4 bzw. 6 Spielern, die 4 bzw. 6 Einzel und 2 bzw. 3 Doppel austragen. Die Mannschaft ist in der Reihenfolge der Spielstärke nach aufzustellen.

Dreier-Mannschaftssystem (Swaythling-Cup): Eine Mannschaft besteht aus 3 Spielern, die nur Einzel (jeder gegen jeden) spielen. Die Mannschaft braucht nicht der Spielstärke nach aufgestellt zu werden. Der Wettkampf wird nach dem 5. Siegpunkt abgebrochen.

Zweier-Mannschaftssystem (Corbillon-Cup): Eine Mannschaft besteht aus zwei bis vier Spielern, von denen jeweils nur zwei in den Einzelspielen eingesetzt werden. Die Einzelspieler spielen jeder gegen jeden. Außerdem wird ein Doppel ausgetragen, das aus den vier gemeldeten Spielern beliebig zusammengestellt werden kann. Der Wettkampf wird nach dem 3. Siegpunkt abgebrochen. Im Corbillon-Cup-System ist es nicht zu vermeiden, daß ein Spieler drei Spiele hintereinander bestreiten muß, falls er auch im Doppel eingesetzt wird.

Organisieren

Warum ist Tischtennis gerade für viele behinderte Menschen eine geeignete Sportart, und welche speziellen Hilfen kann man hier geben?

Tischtennis gilt als eine besonders geeignete Sportart für behinderte Menschen. Behinderte Menschen sind ebenso wie ältere Menschen in ihren Bewegungsmöglichkeiten oft eingeschränkt und in ihrer Wahrnehmungsfähigkeit nicht oder nicht mehr so leistungsfähig. Beispielsweise ist bei Querschnittsgelähmten oder Beinamputierten die Fortbewegung am Ort kaum noch möglich oder zumindest stark eingeschränkt; einseitig Armamputierte können nur noch solche Bewegungen ausführen, bei denen nicht, wie etwa bei den meisten Bewegungen im Turnen, beide Arme voll funktionsfähig sein müssen. Geistigbehinderte werden leicht überfordert; für ihr sportliches Handeln bieten sich einfach aufgebaute Situationen an.

Das Tischtennisspiel hat den Vorzug, daß es einfach aufgebaut ist und auch durch Veränderungen auf die verschiedenen Formen der Behinderung und auf die Bedürfnisse älterer Menschen abgestimmt werden kann. Eine Realisierung des Tischtennisspiels auf einem einfachen Niveau stellt geringe Anforderungen an physische und psychische Leistungskomponenten. So sind Kraft, Ausdauer und Beweglichkeit nur in einem geringen Umfang erforderlich. Das Regelwerk ist schnell zu verstehen. Der Spielgedanke kann leicht verändert werden, ohne daß das Spiel seinen Reiz verliert. Statt den Mitspieler als Gegenspieler überbieten und den Ball für ihn unerreichbar spielen zu wollen, können beide Partner sich zum Ziel setzen, den Ball möglichst lange im Spiel zu halten. Bei Rückschlagspielen mit zwei Partnern ist die Situation auch für Geistigbehinderte gut zu überschauen; ein zielgerichtetes Handeln wird möglich. Da Tischtennis außerdem schon zu zweit gespielt werden kann, die Verschiedenheit der Geschlechter kein Hindernis darstellt, praktisch keine Altersbegrenzung kennt und kaum Verletzungsmöglichkeiten gegeben sind, ist es verständlich, daß diese Sportart von vielen behinderten und älteren Menschen privat und auch in öffentlichen Einrichtungen betrieben wird, z. B. in
– Sanatorien und Krankenhäusern
– Alters- und Pflegeheimen
– Sonderschulen.

Neben einer mehr freizeit- und breitensportlich orientierten Zielsetzung können behinderte Menschen diese Sportart auch in leistungssportlich orientierten Gruppen wie Behindertensportvereinen betreiben. Für sie gibt es dort Punktespiele, Deutsche- und Weltmeisterschaften.
Für Meisterschaften hat der Deutsche Behindertensportverband verschiedene Behinderungsklassen mit entsprechenden Regelungen festgelegt.
Für Behinderte, bei denen die Fortbewegungsmöglichkeit eingeschränkt ist oder völlig fehlt, kann Tischtennis im Sitzen gespielt werden. Der Aufschlag darf bei diesen Spielen nur in die Tischmitte ausgeführt werden, da seitlich plazierte Bälle kaum erreichbar sind. Vielfach empfiehlt sich auch eine Einigung auf bestimmte Schlagtechniken. Wie weit eine Abänderung gehen kann, ohne den Spielgedanken grundsätzlich aufzugeben, wird beispielsweise dort sichtbar, wo behinderte Spieler auf dem Tisch sitzend sich den Ball über das Netz zuspielen.

Tischtennis im Sitzen

Organisieren

Wie kann man Tischtennistische auch so aufbauen, daß neue Erlebnisse und Erfahrungen möglich werden?

Auf Möglichkeiten einer Variation des geläufigen Sports ist in den vorangegangenen Kapiteln bereits an mehreren Stellen hingewiesen worden. Für leistungsstärkere Spieler wird beispielsweise ein Handikap bei der Zählweise vorgeschlagen, wenn sie mit schwächeren Spielern einen Wettkampf durchführen wollen (s. S. 13). Zur Übungserleichterung wird an anderer Stelle eine Tischhälfte hochgestellt, so daß eine Schlagtechnik ohne Partnerhilfe wiederholt ausgeführt werden kann (s. S. 45).
Die folgenden Abbildungen sollen beispielhaft und zur Anregung zeigen, wie durch eine besondere Anordnung der Tischtennistische neue und reizvolle Situationen entstehen können, in denen dennoch der Bezug zum genormten Tischtennisspiel nicht völlig verloren geht.

(63)

(65)

Eine sternförmige Anordnung von drei Tischhälften und ein Spiel mit einem oder mehreren Bällen schafft überraschende kommunikative Situationen.

Zwei Tischtennistische nebeneinander vergrößern die Spielfläche und machen die Laufwege bei „Chinesisch-Spielen" länger.

(64)

(66)

Das Spiel über einen Graben ersetzt das Hindernis „Netzhöhe" durch „Grabenweite" und verändert auch das Schlagverhalten.

Die schrägen Flächen verlangen eine Anpassung an das veränderte Sprungverhalten des Balles.

Organisieren

Welche Anordnung der Tischtennistische hat sich für den Übungsbetrieb bei unterschiedlichen Raumgrößen bewährt?

Entscheidend für die Anordnung der Tischtennistische ist die Größe der zur Verfügung stehenden Halle. Es bieten sich zwei grundsätzliche Anordnungsvarianten an:

1. **Anordnungsvariante: Aufstellung in Längsrichtung**
Bei kleinen Hallen mit weniger als ca. 15 m Breite sollten die Tische nebeneinander in Längsrichtung aufgestellt werden.

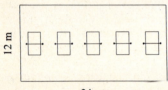

2. **Anordnungsvariante: Aufstellung in Querrichtung**
Bei großen Hallenflächen (ab 15 × 27 m und mehr als 8 Tischen) ist neben einer Längsaufstellung eine Aufstellung in Querrichtung empfehlenswert. Stehen 8 Tische und weniger zur Verfügung, so ist auch hier eine Aufstellung in Längsrichtung besser.

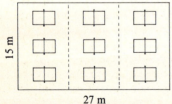

Die Vorschläge für die Aufstellung der Tische bei verschiedenen Hallengrößen orientieren sich an dem Platzbedarf für Wettspiele. Kurzzeitig und unter Berücksichtigung spezieller Übungsschwerpunkte, für die weniger Platz benötigt wird, können auch mehr Tische aufgestellt werden, um einer größeren Anzahl von Spielern Übungsmöglichkeiten zu bieten.

Wie können Tischtennistische sachgerecht gelagert, transportiert und aufgebaut werden?

Die Haltbarkeit der Tischtennistische hängt nachweislich von der Pflege und einem sachgerechten Auf- und Abbau ab. Wichtig ist in diesem Zusammenhang jedoch auch, daß der Tisch so beschaffen ist, daß er den Anforderungen des Sportunterrichts gerecht wird. Der Tisch sollte:

– ein einklappbares Untergestell haben,
– für den Transport in zwei Hälften zerlegbar sein,
– an der Netzseite mit Rollen für den Transport versehen sein.

Tische der unteren und mittleren Preisklasse sind nicht robust genug gebaut und deshalb unwirtschaftlich. Automatiktische sind ebenfalls für den Schulbetrieb geeignet, nehmen jedoch leider mehr Platz bei der Lagerung ein und sind zumeist auch teurer.

Auf- und Abbau: Durch eine gute Organisation ist es normalerweise möglich, alle Tische innerhalb von 2 Minuten aufzubauen (2 Schüler pro Tischhälfte).

Lagerung: Die Tische werden im Geräteraum mit den Spielflächen gegeneinander an einer Wand gelagert. 8 Tische oder 16 Tischhälften nehmen nur eine Fläche von 2 m² ein. Wagen für den Transport der Tische sind nicht unbedingt erforderlich. Beim Herausnehmen bzw. Hineinsetzen der Tischhälften auf den Wagen muß darauf geachtet werden, daß die Kanten der Tische nicht beschädigt werden.

Pflege: Einmal im Monat sollte die Tischfläche feucht abgewischt werden, um sie vom Schmutz zu reinigen. Halbjährlich ist eine Inspektion vorzusehen, wobei die Scharniere und Schrauben kontrolliert werden sollten. Nach 2 bis 3 Jahren sind die Linien nachzuziehen.

Hinweis: Ein Wettkampftisch muß bei einer entsprechenden Pflege und Wartung, selbst bei täglicher Benutzung, 6 bis 10 Jahre halten.

Organisieren

Welche Schwierigkeiten ergeben sich beim Tischtennisspiel im Freien, und wie kann man diese verringern?

Die Möglichkeit, Tischtennis im Freien zu spielen, ist bei gutem Wetter immer gegeben. Gutes Wetter heißt dabei: Trockenheit und wenig Wind.
Durch Untersuchungen im Freizeitbereich konnte nachgewiesen werden, daß von allen Freizeitangeboten im Sport das Tischtennisspielen im Freien am meisten genutzt wird.
Beim Aufstellen von Tischtennistischen im Freien, z. B. auf Schulhöfen, in Freibädern, Jugendzentren und auch Betrieben, sollten folgende Voraussetzungen gegeben sein:

- ruhige, windgeschützte Aufstellung,
- fester Spieluntergrund, z. B. Betonplatten,
- wetterfester, fest verankerter, stoßfester Tisch,
- festverschraubtes Aluminium- oder Stahlnetz,
- eine Spielflächengröße von 5 × 10 m.

In den letzten Jahren sind Betontische entwickelt worden, die sich gut bewährt haben. Neuerdings gibt es auch schon Betontische mit einer eingelassenen Spielfläche aus Kunststoff. Dadurch werden annähernd die gleichen Spielbedingungen wie bei Holz- und Kunststofftischen erreicht.
Die Erfahrungen zeigen, daß das Spielen im Freien unter Beachtung der beschriebenen Voraussetzungen sehr gut möglich ist. Vor allem auf den Pausenhöfen der Schulen sind die Tische ständig umlagert und bieten eine gute Möglichkeit für eine „Aktive Pause".
Für den privaten Bereich sind die teuren Betontische fehl am Platz, weil man Diebstahl und mutwillige Beschädigung nahezu ausschließen kann. Hier haben sich für das Spiel im Freien die Allwetter-Kunststofftische bewährt. Diese Tische haben durch ihre leichte und transportable Konstruktion auch den Vorteil, daß man bei aufkommendem schlechten Wetter schnell in geschlossene bzw. wettergeschützte Räume ausweichen kann.

Welche Aufgabe können Trainer oder Berater für den einzelnen Spieler übernehmen?

Auch sehr selbständige Spieler, die sich sehr gut selbst beobachten können und merken, was für sie gut und weniger gut ist, schätzen die Hilfe eines Trainers oder Beraters während des Trainings oder im Zusammenhang mit dem Spiel. Der außenstehende geschulte Beobachter kann sich ganz auf bestimmte Beobachtungsgegenstände konzentrieren und unter technischem, taktischem oder konditionellem Aspekt das Spiel analysieren. Er sieht daher vieles, was der Spieler während des Spiels gar nicht bemerkt. Trainer oder Berater sollen jedoch nicht nur während des Spiels Aufgaben übernehmen, sondern schon vor und vor allem nach dem Spiel. Unmittelbar im zeitlichen Zusammenhang mit einem Spiel haben Trainer und Berater folgende Aufgaben:

Vor dem Spiel: beruhigend, aufmunternd und optimistisch auf den Spieler einwirken, sein Selbstvertrauen stärken; die bevorstehende Aufgabe so darstellen, als sei sie bei konzentriertem Einsatz aller Kräfte zu bewältigen; das Einspielen überwachen

Während des Spiels: spieltaktische Tips geben, d. h. auf Schwächen des Gegenspielers aufmerksam machen und die eigenen Möglichkeiten herausstellen; Ruhe, Zuversicht und Überlegenheit ausstrahlen

Nach dem Spiel: positive Merkmale des Spiels hervorheben; keinesfalls nach Niederlagen massiv tadeln; Niederlage auf Faktoren zurückführen, die durch intensives Training zu beeinflussen sind; gemeinsam mit dem Spieler das Spiel analysieren.

Über die Aufgabe als Spielbeobachter können Mitschüler leicht in die Aufgabe eines Beraters hineinwachsen und füreinander eine wertvolle Hilfe sein. Wird hierzu konsequent von Beginn des Unterrichts im Tischtennisspiel angeleitet, so kann die folgende Zielsetzung, bei jedem verwirklicht werden: Jeder Spieler auch ein „Trainer"!

Register

Abwehrspiel 23, 48
– system 29, 40, 52
– taktik 50
Aktionsraum 48
Aktive Pause 63
Allwetter-Kunststofftisch 63
Angriffsspiel 48
– system 15, 29, 52
– taktik 49
Antizipation 21
Antizipationsvermögen 21, 31
Ausdauer 54, 55, 60
Ausdauerfähigkeit 50, 54, 56
Automatiktisch 62

Beanspruchungssituation 54, 55
Bewegung, automatisierte 21
Bewegungsmöglichkeit 46, 60
– raum 48, 52
– struktur 29, 35, 40
Bremseffekt 10, 16

Drall 16, 18, 19, 21, 22, 26, 27, 35, 40

Erfolgswahrscheinlichkeit 56

Feinkoordination 26
Flexibilität 54, 55
Flugverhalten 15, 18, 19, 21, 40, 45
Fortbewegungsschnelligkeit 55
Freizeitbereich 8, 10, 11, 53, 63
– sportler 55

Grundlagentraining 54
Grundlinienzone 22, 26
Grundstruktur 15, 19, 28, 29, 45

Halbdistanzsystem 40, 52

Halbdistanztaktik 51
Handicapspiel 56

Konzentrationsfähigkeit 56
Koordination 21, 40, 54, 55
– der Teilbewegungen 31
Koordinationsfähigkeit 21
– vermögen 55
Kraftimpuls 16, 31

Leistung, maximale 54
Leistungsbereitschaft 54
– motivation 56
– sport 10, 53
– sportbereich 42
– sportler 40, 55
– vermögen 56

Mittelzone 22, 53
Mißerfolgswahrscheinlichkeit 56

Netzzone 22, 27, 42, 47

Penholder-Haltung 15

Reaktionszeit 21, 31
Reflex 21
Rotation 16
Rotationsbewegung 16
– geschwindigkeit 35
– impuls 40
Rückschlagspiel 8, 18, 20, 48, 60
Rumpfrotation 40

Schulbetrieb 62
Schnellkraft 54
Schnitt 16, 19
Selbstbeherrschung 54, 56
– vertrauen 56, 63
Spielbeobachter 63
– beobachtung 53
Spielertyp 18, 23, 48
Spielgedanke 60

– gestaltung 10, 18, 28, 29, 40, 52
– momentübung 57
– rhythmus 29, 47, 48, 50
– stärke 12, 57, 59
– system 10, 42, 53, 55, 57
– verhalten 18, 49, 50, 51
Spielverhalten, kluges 53
Sportunterricht 62
Sprungverhalten 10, 15, 18, 45, 61
Stoß, elastischer 16

Training, mentales 26
Trainingsintensität 55
– umfang 55
Translationsgeschwindigkeit 35
– impuls 40

Umgreifen 15

Wahrnehmung 21
Wahrnehmungsfähigkeit 21, 60
Willensstärke 56

Zielsetzung 48, 60, 63

Literatur

Bochow, K. P.: Tischtennis. Von den Grundbegriffen bis zur Vollendung. München 1977
Deutscher Tischtennis-Bund: Grundsätzliche Beiträge zur Theorie und Praxis des Tischtennissports. Springe 1974
Deutscher Tischtennis-Bund: Handbuch des Deutschen Tischtennis-Bundes. Lübeck 1975
Brucker, O./Harangozo, T.: Tischtennis modern gespielt. Niederhausen 1975
Giesecke, H.: Das Schiedsrichter 1 × 1 im Tischtennis. Lübeck 1977
Gollwitzer, K.: Das Tischtennisspiel im Sportunterricht. In: W. Günzel (Hrsg.): Taschenbuch des Sportunterrichts. Baltmannsweiler 1975, 679–697
Grumbach, M./Dassel, H.: Tischtennis-Grundschule für Schule und Verein. Teil I: Grundkurs. Schorndorf 1975
Grumbach, M.: Tischtennis-Aufbaukurs. Teil II der Tischtennis-Grundschule für Schule und Verein. Schorndorf 1980
Harst, H./Giesecke, H./Schlaf, J.: Tischtennis – Training, Technik, Taktik. Reinbek 1977
Heissig, W.: Tischtennis 1 – Faszination des kleinen Balles. Herford 1976
Heissig, W.: Tischtennis 2 – Technik und Taktik des schnellen Spiels. Herford 1977
Heissig, W.: Tischtennis 3 – Training und Wettkampf. Herford 1979
Jacobsen, C.: Tischtennis für Anfänger und Fortgeschrittene. Stuttgart 1979
Sklorz, M.: Tischtennis – Vom Anfänger bis zum Könner. München 1974
Sklorz, M./Michaelis, R.: Richtig tischtennisspielen. München – Bern – Wien 1979
Trupkovic, J.: Wege zum Leistungstischtennis. Flensburg 1978